O DESENHO INFANTIL

FLORENCE DE MÈREDIEU

O DESENHO INFANTIL

Tradução

Alvaro Lorencini
Sandra M. Nitrini

Editora Cultrix
SÃO PAULO

Título original: **Le Dessin D'Enfant.**

Copyright © 1974 Éditions Universitaires.

Copyright da edição brasileira © 1979 Editora Pensamento-Cultrix Ltda.

12ª edição 2017. / 3ª reimpressão 2023.

Todos os direitos reservados. Nenhuma parte deste livro pode ser reproduzida ou usada de qualquer forma ou por qualquer meio, eletrônico ou mecânico, inclusive fotocópias, gravações ou sistema de armazenamento em banco de dados, sem permissão por escrito, exceto nos casos de trechos curtos citados em resenhas críticas ou artigos de revistas.

A Editora Cultrix não se responsabiliza por eventuais mudanças ocorridas nos endereços convencionais ou eletrônicos citados neste livro.

Editor: Adilson Silva Ramachandra
Editora de texto: Denise de Carvalho Rocha
Gerente editorial: Roseli de S. Ferraz
Produção editorial: Indiara Faria Kayo
Editoração eletrônica: Join Bureau
Revisão: Vivian Miwa Matsushita

Dados Internacionais de Catalogação na Publicação (CIP)
(Câmara Brasileira do Livro, SP, Brasil)

Meredieu, Florence de
    O desenho infantil / Florence de Meredieu; tradução Alvaro Lorencini, Sandra M. Nitrini. – 12. ed. – São Paulo : Cultrix, 2017.

    Título original: Le dessin d'enfant
    Bibliografia.
    ISBN 978-85-316-1436-1

    1. Desenho infantil – Aspectos psicológicos 2. Psicologia infantil I. Título.

17-10302   CDD-741.019

Índices para catálogo sistemático:
1. Desenho infantil: Psicologia infantil   741.019

Direitos de tradução para o Brasil adquiridos com exclusividade pela
EDITORA PENSAMENTO-CULTRIX LTDA., que se reserva
a propriedade literária desta tradução.
Rua Dr. Mário Vicente, 368 – 04270-000 – São Paulo, SP
Fone: (11) 2066-9000
E-mail: atendimento@editoracultrix.com.br
http://www.editoracultrix.com.br
Foi feito o depósito legal.

SUMÁRIO

1. DESCOBERTA DE UM UNIVERSO 13
   Histórico 15
   Descoberta da originalidade do universo infantil 16
   Evolução das técnicas gráficas e plásticas 18
   Mutação da arte 19
   O prazer do gesto 21
   O prazer da inscrição 23
   Desenho infantil e escrita 26

2. A CONQUISTA DE UMA LÍNGUA 33
   A linguagem gráfica 33
   Desenho e evolução 39
   As grandes fases da evolução 42

Do gesto ao traço: o rabisco 48

A figura do boneco 57

Do traço ao signo.. 63

3. A CONSTRUÇÃO DE UM ESPAÇO 67

Do espaço como coisa em si ao espaço
como convenção 67

Espaço vivido, espaço gráfico................................... 71

Características do espaço infantil 77

O espaço topológico 81

Um exemplo de relação topológica: a casa............... 83

Evolução do espaço: os principais estágios.............. 86

4. DESENHO, PSICOLOGIA E PSICANÁLISE 97

O desenho como expressão da personalidade........... 98

O desenho como instrumento de um diagnóstico 106

Limites da contribuição da psicologia projetiva e
do método dos testes 113

Utilização do desenho no tratamento psicanalítico.....115

Desenho e sonho 121

Desenho, escrita e recalque das pulsões 125

5. A UTILIZAÇÃO DE UM CÓDIGO 141

Um estudo comparativo..141

Limites de uma abordagem sociológica 145

A criança e o primitivo...148

Condicionamento da criança pelo meio:
    papel da escola..153
"Descolonizar" a criança? 156
Influência dos *mass-media*.......................................159
A atualidade...167
A criança testemunha de sua época.........................170

Bibliografia restrita...173

"*O gosto do público é completamente falso, decididamente falso, procura o falso, o imitado, tão direta, tão certamente como o porco procura a trufa, de instinto invertido, infalível, a falsa grandeza, a falsa força, falsa graça, a falsa virtude, o falso pudor, o hipócrita, a falsa obra-prima, o todo falso, incansavelmente.*

De onde lhe vem esse gosto catastrófico? Antes de tudo, sobretudo, da escola, da educação primária, da sabotagem do entusiasmo, das primitivas alegrias criativas, pelo empostado declamatório, pela cartonagem moralística. [...]

Será que é complicado, singular, sobrenatural, ser artista? Muito pelo contrário! O complicado, o forçado, o singular é não ser.

Os professores, armados com o Programa, têm que fazer um longo esforço para matar o artista que existe na criança. E não é só. As escolas funcionam com esse objetivo, são os lugares de tortura para a perfeita inocência, a alegria espontânea, o estrangulamento dos pássaros, a fabricação de uma tristeza que já escorre de todas as paredes, o grude social primitivo, o verniz que penetra em tudo, sufoca, mata para sempre toda alegria de viver!"

(LOUIS-FERDINAND CÉLINE)

Para David.

1.

DESCOBERTA DE UM UNIVERSO

> "Antes eu desenhava como Rafael, mas precisei de toda uma existência para aprender a desenhar como as crianças."
>
> (PICASSO)

Proliferação de ateliês, exposições, filmes, artigos, livros e manifestações de toda espécie: o desenho infantil está na moda, a tal ponto que industriais e publicitários já se dispõem a recuperá-lo. Esse entusiasmo – que por si só já o tornaria suspeito – gerou numerosos mitos: mito da espontaneidade infantil (como se não soubéssemos até que ponto a criança é condicionada pelo meio), mito da arte infantil, quando é evidente que a criança se situa aquém de qualquer pesquisa estetizante, embora de início não ignore qualquer preocupação "estética", no sentido etimológico do termo[1]. Mito enfim que consiste em fazer do desenho uma miraculosa via de acesso à personalidade, mas a hermenêutica do desenho infantil esconde muitas armadilhas e querer interpretá-las a todo custo não é menos perigoso que a recusa de toda leitura em favor de uma apreensão por assim dizer ingênua e espontânea, na verdade já ideológica e portanto falseada do começo ao fim.

Constitui-se assim uma abundante literatura[2], preocupada ora em interpretar, e isto quase sempre numa óptica psicológica e psicanalítica, já que os outros modos de análise – sociológicos e, sobretudo, estéticos – mal foram abordados, ora em estabelecer uma formação pedagógica, com o adulto impondo à criança sua própria imagem da infância e de seus mecanismos, imagem marcada de ponta a ponta pelo selo da ideologia dominante. Deve-se notar, aliás, que essa vasta literatura na maioria das vezes só chegou a resultados fragmentários e a vista parcial, mas ainda está faltando uma síntese, por sinal difícil de elaborar em razão da heterogeneidade dos instrumentos de análise.

---

[1] *Estética*: do grego *ésthesis*, sensação, sentimento.

[2] Pierre Naville no número especial da revista *Enfance* (1950) já recenseava mais de quatrocentos livros e artigos. Recentemente, Renée Stora acrescentava outro tanto.

HISTÓRICO

O interesse pelo desenho infantil data dos fins do século passado. A princípio relacionados com os primeiros trabalhos da psicologia experimental, os estudos sobre o desenho diversificaram-se rapidamente, e disciplinas tão diferentes como a psicologia, a pedagogia, a sociologia e a estética beneficiaram-se com essa contribuição. Primeiro, de 1880 a 1900, descobre-se a originalidade da infância, depois da influência das ideias de Rousseau em pedagogia leva a distinguir diferentes etapas no desenvolvimento gráfico da criança. Em seguida, o desenho é introduzido no tratamento psicanalítico: em 1926, Sophie Morgenstern trata desse modo um caso de mutismo numa criança de 9 anos. Paralelamente, prosseguem estudos sobre o "sentido estético" da criança; estabelecem-se comparações entre o estilo infantil e os quadros dos mestres, submetem-se as produções infantis aos cânones da beleza; consagram-se estudos à escolha da cor e ao repertório gráfico da criança. É de se notar que as pesquisas raramente renunciarão a um academismo de valor, visando incluir a criança na esteira da tradição e dos que se chamam grandes mestres. Quanto aos sociólogos, inclinaram-se desde logo pela comparação entre os desenhos infantis oriundos de diversos países. Os trabalhos de Probst sobre os desenhos no meio mulçumano datam de 1907; Rioux retoma-os mais tarde, criticando-os.

A influência do evolucionismo de Spencer levará a estudar juntas as produções das crianças e dos primitivos; audaciosas comparações serão então tentadas. No momento atual, os estudos sobre o desenho beneficiam-se da contribuição – considerável em psicologia infantil – da obra de Piaget, e prosseguem no sentido de uma elucidação dos mecanismos da expressão infantil, expressão que não é mais gráfica e plástica apenas, mas também gestual e musical.

Não parece inútil esclarecer as motivações que deram origem a esse interesse pelo desenho infantil, já que existe uma "estreita conexão entre as ideias filosóficas dominantes no momento e o estudo da criança em geral e o estudo de suas produções gráficas em particular"[3].

DESCOBERTA DA ORIGINALIDADE DO UNIVERSO INFANTIL

As concepções relativas à infância modificaram-se progressivamente: a criança não é mais aquela maquete do adulto, aquele adulto miniaturizado que queriam ver nela. A descoberta de leis próprias da psique infantil, a demonstração da originalidade de seu desenvolvimento, levaram a admitir a especificação desse universo. Nesse sentido, é inegável que os psicólogos contribuíram amplamente para a colocação de

---

[3] Georges Rioux, *Dessin et structure mentale*, p. 6.

conceitos básicos que permitissem a abordagem da mentalidade infantil. A maneira de encarar o desenho evoluiu paralelamente: antes considerados unicamente em relação com a arte adulta, os desenhos infantis apareciam como malogros ou fracassos, quando muito como exercícios destinados a preparar o futuro artista, "fase preliminar da arte que era preciso percorrer e ultrapassar o mais rapidamente possível"[4]. Durante muito tempo, só se reteve do grafismo infantil as particularidades que diziam respeito à inabilidade motora, atribuindo os sucessos ao acaso. Um autor como Luquet – cuja contribuição ao campo que nos interessa é inegável – continua sendo tributário desse preconceito ao nível do vocabulário, quando fala, por exemplo, de "realismo fracassado" ou de "realismo fortuito" a propósito da criança, quando atribui a aparente confusão do desenho infantil a uma falta de atenção, enfim e, sobretudo, quando vê no desenho infantil uma série de etapas que devem preparar a visão adulta. Concepções que soam todas tributárias de uma errônea teoria da percepção. Não existe visão verdadeira, e a visão adulta não pode de modo algum representar a medida padrão. Portanto, não se deve reduzir os processos infantis qualificando-os de "infantil". A criança está tão "perto das coisas" quanto o adulto, o pintor chamado realista, o primitivo ou o abstrato.

---

[4] Insania Pingens, *Petits Maîtres de la folie*, Editions Clairefontaine, Lausanne, 1961, p. 14.

Esse modo negativo de apreensão – em que todas as particularidades do desenho são definidas como erros – deve hoje ceder lugar a uma decifração das produções infantis no que elas têm de mais autêntico e mais original, originalidade difícil de mostrar na medida em que a imitação do adulto desempenha um papel importante e esta leitura utiliza instrumentos forjados por esse mesmo adulto. Nunca será demais repetir: o meio em que a criança se desenvolve é o universo adulto, e esse universo age sobre ela da mesma maneira que todo contexto social, condicionando-a ou alienando-a. Querer então estudar as produções infantis fora da ganga das influências e pressões adultas só pode levar a uma leitura falseada. Deve-se desconfiar das interpretações unilaterais; irredutíveis às produções adultas, devendo ser aprendidas no que têm de essencial, as obras infantis não deixam de estar ligadas às primeiras por um elo tão profundo que comanda toda a sua gênese.

EVOLUÇÃO DAS TÉCNICAS GRÁFICAS E PLÁSTICAS

Tributária do adulto, a criança também o é ao nível dos meios. Ela só pode produzir na medida em que aquele lhe forneça instrumentos e materiais. Nesse aspecto, o aparecimento do que se chama arte infantil foi condicionado pela evolução das técnicas gráficas e plásticas, e pela difusão cada vez maior do papel e do lápis, ocasionada pela baixa do custo de fabricação desses produtos. Isso explica por que um estudo sobre o desenho infantil não possa remontar longe no tempo. Produto caro, o papel foi durante muito tempo reservado para um uso mais rentável; a criança não podia dispor dele livremente e tinha que se contentar com suportes mais efêmeros como a areia. Portanto, só podemos esboçar hipóteses sobre os primeiros desenhos de nossos ancestrais.

O auxílio de instrumentos e materiais novos modificou profundamente o estilo infantil. Basta pensar no aparecimento da caneta hidrográfica, que invadiu as escolas maternais e viu surgir um tipo de grafismo muito particular, ao mesmo tempo que uma tendência à miscelânea, com certas crianças utilizando sistematicamente todas as cores. O tamanho das folhas de papel também contribui para a liberação da expressão infantil. Estamos longe agora do minúsculo rabisco na margem do caderno escolar; o gesto pode expandir-se e a criança tomar consciência do espaço e suas possibilidades.

MUTAÇÃO DA ARTE

Modificação das concepções relativas à infância, evolução e difusão das técnicas gráficas e plásticas, esses dois elementos não serão compreendidos se não os ligarmos à profunda mutação da arte que começou no fim do século passado e que, desde então, não cessou de progredir. Animados por um desejo de desestruturação, os artistas contemporâneos voltaram-se para as formas de produção situadas à margem da arte tradicional. O interesse pelo desenho infantil inscreve-se na esteira dessa pesquisa de uma expressão espontânea e originária, e liga-se ao entusiasmo pelo folclore, pelo artesanato, pelas produções dos primitivos e dos doentes mentais, todas as produções de arte bruta, "produções de toda espécie – desenhos, pinturas, bordados, figuras modeladas ou esculpidas – que apresentam um caráter espontâneo e fortemente inventivo, quanto menos possível devedoras da arte habitual ou dos moldes culturais, e tendo por autores pessoas obscuras, estranhas aos meios artísticos profissionais"[5].

Rejeitando o museu e o ensino tradicional, os artistas desejam voltar ao ponto zero da criação, recomeçar tudo desde a base. Klee qualifica-se de "homem infantil" e busca reencontrar um estágio primário, um "espírito branco"; Dubuffet tenta apagar toda a cultura repetitiva das mesmas formas classificadas e homologadas: "talvez o despojamento total dê ao pensamento o poder de abrir as fechaduras"[6]. Diante desse desejo de regressão, o desenho infantil adquire

---

[5] Jean Dubuffet, *Prospectus et tous écrits suivants*, I, p. 167.
[6] *Idem.*

um valor exemplar, pois a criança realmente pinta e desenha pela primeira vez: "ainda se produzem inícios primitivos na arte, como os que são encontrados nas coleções etnográficas ou simplesmente no quarto das crianças"[7]. É essa transformação das próprias molas do ato criador que permitiu a descoberta do universo gráfico e plástico da criança.

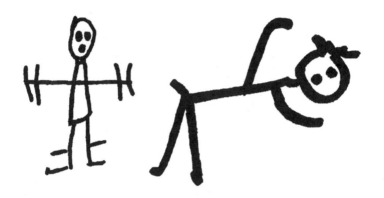

Figura 1
Christiane (5 anos).

Figura 2
Paul Klee, detalhe.

O PRAZER DO GESTO

Considerada durante muito tempo pela estética clássica como um valor indissoluvelmente estético e mercantil, a obra de arte viu-se transformada em zombaria por todas as

---

[7] Paul Klee.

manifestações da antiarte. Daí resulta uma valorização do gesto e da ação; dá-se maior destaque à criação e não mais à obra e ao produto, que se tornam concreções, coisas mortas, detritos, se separados das forças que lhe deram origem. A obra vale para ser feita e depois podem queimá-la, exclama Artaud; Tinguely constrói máquinas que se destroem a si próprias; surgem por toda parte obras efêmeras como a vida.

O artista contemporâneo reencontra assim uma atitude que é a mesma da criança em face de suas produções. Esta não se apega espontaneamente às suas obras, e quando o faz parece que é sob a influência do adulto que, este sim, interessa-se pela obra e pela obra acabada. A criança de três ou quatro anos não reconhece como seu o desenho executado alguns minutos antes; depois que a obra é produzida, retira-se dela e concentra todas as suas energias no gesto do momento. Encontra uma imensa satisfação na manipulação das cores e pigmentos que imprime no papel, utilizando assim sem saber as técnicas da "action painting". Só o prazer de gesto é que conta, o traço ativo que se desenvolve e vive sua própria vida. Esse dinamismo do traço – que é uma das bases da pintura contemporânea – faz da criança um verdadeiro ator que se projeta na sua obra até que ambos se tornem um só. Na criança, o desenho é antes de tudo motor; a observação de uma criança pequena desenhando mostra bem que o corpo inteiro funciona e que a criança sente nessa gesticulação.

Doravante os artistas recusam-se a separar a arte da vida e tendem a transformar tudo numa sequência de experiências artísticas. A "arte infantil" situa-se aquém da fronteira que dissocia a vida cotidiana da arte considerada como atividade de luxo; ela ignora esse corte que o adulto estabelece entre a cultura e a vida, corte que a torna um ser sempre mutilado, castrado de uma parte de si mesmo. Real e imaginário indissolúveis, o pensamento mágico da criança evolui à maneira do jogo, que funciona ao mesmo tempo como simulacro e como verdade: tudo é susceptível de ser transmutado nesse universo, e intercâmbios perpétuos se produzem nesse meio em que as palavras ainda são coisas, e as coisas são maleáveis como não podem ser os signos da linguagem adulta. Esses valores de gratuidade, esse sentido de festa, essa instantaneidade da invenção que caracterizam a infância, a arte contemporânea os redescobre no *happening*, na pintura gestual e em todas as manifestações de antiarte. Não é de espantar, portanto, que o universo infantil lhe pareça como fulgurante de signos.

O PRAZER DA INSCRIÇÃO

Talvez seja no rabisco, traço ativo, ainda impregnado do dinamismo do gesto que o produziu, que essa instantaneidade do desenho infantil apareça melhor. Cumpre notar,

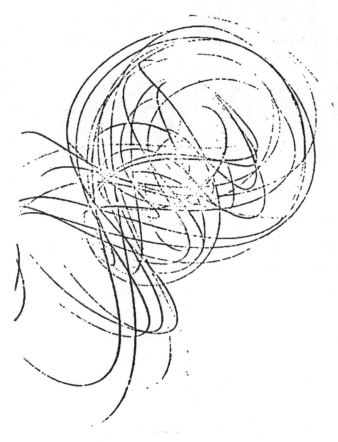

Figura 3
Hans Hartung, detalhe.

aliás, que quanto mais a criança avança em idade, mais diminui a rapidez de execução (outro valor reconhecido pela arte contemporânea; por exemplo, em Mathieu): o desenho torna-se caprichado, bem-acabado; confunde-se então com as produções adultas. Manchas, rabiscos: os artistas contemporâneos não ficaram indiferentes ante essas manifestações da arte infantil. Desde 1945, Dubuffet debruça-se sobre as produções infantis, lê livros sobre o assunto, explora as amarelinhas e os grafites da rua Lhomond e da rua Mouffetard. Aquilo que o pintor chamou "a aventura dos grafites" acha-se ligado a uma regressão da figura

Figura 4
Iann, 25 meses.

humana em sua obra. Essa valorização estética do grafismo infantil é igualmente clara em artistas como Klein, que deixa a linha correr e proliferar jogando ao acaso, ou ainda em Miró, que, ao mesmo tempo que a "técnica" do rabisco, utilizará processos infantis como o "enchimento", preenchimento da superfície por uma constelação de pontos, estrelas e signos.

Ao prazer do gesto associa-se o prazer da inscrição, a satisfação de deixar uma marca, de macular a superfície. Signos, marcas: tomar posse do universo por meio da inscrição, da ferida simbólica imposta ao objeto. A criança frequentemente sente necessidade de macular os desenhos do vizinho e os primeiros rabiscos são quase sempre efetuados sobre livros e folhas aparentemente estimados pelo adulto, possessão simbólica do universo adulto tão admirado pela criança pequena.

DESENHO INFANTIL E ESCRITA

Engendrada pelo desenvolvimento da função simbólica na criança, a evolução do desenho depende intimamente da evolução da linguagem e da escrita. Parte atraente do universo adulto, dotada de prestígio por ser secreta, a escrita exerce uma verdadeira fascinação sobre a criança, e isso

Figura 5
Escritas, desenho de Nabil.
(Palestino, 5 anos)

bem antes de ela própria poder traçar verdadeiros signos. Muito cedo, ela tenta imitar a escrita dos adultos. Geralmente, é entre os 3 e 4 anos que a criança produz essa escrita fictícia, traçada em forma de dentes de serra, e carregada para ela de uma fabulosa polissemia: "para elas,

Figura 6
Desenho infantil: note-se a analogia entre a escrita pictográfica e os brinquedos desenhados no saco.

existe uma espécie de magia em poder alinhar signos, ligá-los entre si, e estão muito consciente de que querem 'dizer' e comunicar alguma coisa'"[8].

---
[8] Marthe Bernson, *Du gribouillis au dessin*.

Mais tarde, quando a criança atinge a idade escolar, verifica-se quase sempre uma diminuição da produção gráfica, já que a escrita – matéria considerada mais séria – passa então a ser concorrente do desenho. Inversamente, com a escrita, a criança descobre novas possibilidades gráficas. Escrita e desenho podem então misturar-se (a criança inscreve um texto

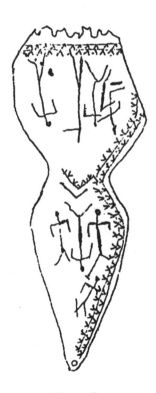

Figura 7
Arte esquimó: figuras humanas com multiplicidade de pontos de vista.

no seu desenho) ou confundir-se (a escrita torna-se um jogo e o alfabeto um pretexto para variações formais).

Entre os artistas contemporâneos, os letristas foram os primeiros a explorar essa ligação entre a escrita e o desenho. Hartung, Klee, Miró, para citar apenas alguns, igualmente sentiram essa fascinação da escrita. Hartung aproxima-se mais do grafismo extremo-oriental; Miró inventa uma escrita ágil, cursiva e musical. Ao introduzir letras na sua pintura, e depois signos hieroglíficos, Klee atinge o esquematismo do grafismo infantil, que reduz os objetos a emblemas sinaléticos, boneco, ou figura humana esquematizada [*bonhomme*], sol, árvore, casa. O limite entre o desenho e a escrita é flutuante. Foi necessário o longo trabalho do racionalismo para que se cindisse aquilo que de início constituía uma unidade: "quatro mil anos de história linear nos fizeram separar a arte e a escrita"[9]. Quanto à criança, ela mais uma vez se situa aquém do corte que a arte contemporânea procura apagar.

Os primeiros signos gráficos foram estilizações da figura humana; Arno Stern observou por sua vez que a imagem do boneco está subjacente a todas as principais figuras do desenho infantil: na origem, escrita e desenho poderiam derivar de uma projeção inconsciente do esquema

---

[9] André Leroi-Gourhan, *Le geste et la parole*, t. I, p. 269, Albin-Michel, 1964.

Figura 8
Paul Klee, *Intention*, 1938.

corporal, o que explicaria – pelo menos parcialmente – as constantes estilísticas e as homologias estruturais. Não nos esqueçamos de que, em certas civilizações, a linguagem gestual serviu de modelo para constituir os signos da escrita e os principais pictogramas são apenas a transcrição gráfica de gestos e ações. Um elo profundo une, portanto, o desenho infantil e as escritas primitivas, em particular as escritas pictográficas, e é provável que, se tomassem esse caminho, as pesquisas sobre a arte infantil dariam um grande passo.

Figura 9
Arte esquimó: homem, cão, tenda e navio.
Plano deitado e perspectivas múltiplas.
Escrita pictográfica.

2.

A CONQUISTA DE UMA LÍNGUA

> "Minha tarefa pode ser comparada à obra de um explorador que penetra numa terra desconhecida. Descobrindo um povo, aprendo sua língua, decifro sua escrita e compreendo cada vez melhor sua civilização. Acontece o mesmo com todo adulto que estuda a arte infantil."
>
> (ARNO STERN)

A LINGUAGEM GRÁFICA

Modo de expressão próprio da criança, o desenho constitui uma língua que possui seu vocabulário e sua sintaxe, daí a tentativa de incluí-lo no quadro da semiologia, aquela ciência geral dos signos, no sentido em que a entendia Saussure. A criança utiliza um verdadeiro repertório de signos gráficos – sol, boneco, casa, navio –, signos emblemáticos cujo número aparece idêntico através de todas as produções infantis, a despeito das variações próprias de cada idade. Mas o tema não é o mais importante; sob as diferentes imagens encontram-se analogias formais carregadas de expressão, ao passo que o tema constitui quase sempre um álibi, um pretexto para a utilização de uma forma.

Coube a Arno Stern distinguir esses principais elementos do vocabulário plástico da criança. A seu ver, o que importa não é absolutamente a "roupagem figurativa", mas as constantes estilísticas reconhecíveis sob as diferentes figuras: "geralmente, o interesse pelos trabalhos infantis leva em consideração primeiro o assunto. Para nós, a representação é de importância secundária, muitas vezes nula. Pesquisamos formas, isto é, signos e estruturas"[1]. Foi assim que ele pôde constituir uma verdadeira gramática dos signos básicos do desenho, gramática "gerativa" que permite compreender como a criança passa de uma figura para outra. Quando – em consequência da evolução da criança – uma forma perde seu valor expressivo, é imediatamente reutilizada e englobada naquilo que Stern chama "imagem residual". A partir do momento em que a criança se torna capaz de desenhar um boneco mais elaborado, o boneco girino dá origem à imagem residual do sol – o que explica a proliferação de sóis com cabeça humana –, do polvo, do leão, da mesa redonda com seus quatro pés deitados (fig. 10). O desenho infantil procede assim de formas simples:

---

[1] Arno Stern, *Une grammaire de l'art enfantin*, p. 6.

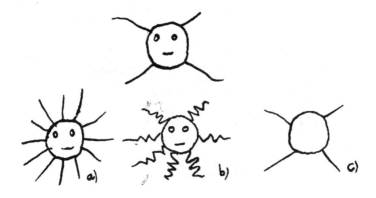

Figura 10

círculos, quadrados, triângulos, imagens de abóboras, do funil, signos em v etc.[2], elementos que, combinando-se, geram as diversas figuras do vocabulário infantil.

Restaria determinar de que modo a fala própria da criança articula-se com esse reservatório de imagens que – para uma parte que falta determinar – poderia bem ser fixado e constituído pela visão adulta; assim, quando a criança pede o desenho de um navio ou de uma casa, o adulto dispõe previamente de todo um repertório de signos "infantis", repertório clássico e perfeitamente codificado. Apesar de fortemente condicionada pelo que o adulto espera dela no plano figurativo, apesar de aproveitar a

---

[2] Arno Stern, *Une grammaire de l'art enfantin*, pp. 28 a 31.

herança de uma língua gráfica já constituída, a expressão infantil não cessa de encontrar formas novas, e existe uma grande distância entre, de um lado, profusão e o humor dos desenhos, e de outro, os esquemas a que os reduzimos.

Obedecendo a leis que lhe são próprias, essa língua constitui um sistema fechado e suficiente. Mas, já em confronto com todos os problemas com que depara uma semiologia da imagem – uma vez que o signo icônico difere do signo linguístico –, o estudo do grafismo infantil encontre dificuldades que lhe são próprias. Inicialmente, a criança ignora o arbitrário do signo: como prova esta passagem relatada por A. Stern: "Guillaume me disse: Eu queria uma cor-montanha"[3]. Desejo de dramatização do signo que anula como signo. Será preciso certo tempo até que a criança consiga distinguir significante e significado; em geral, essa discriminação se opera na idade escolar. Antes, a criança pensa que as palavras – como nas teorias primitivas da linguagem – emanam das coisas e que estas são as verdadeiras matrizes da linguagem.

Nunca será demais sublinhar: toda tentativa de incluir o estudo do grafismo infantil no quadro de uma semiologia defronta-se com dificuldades quase insuperáveis e, nesse terreno, convém dar mostras de prudência até excessiva. Sem contar os pressupostos, o menor dos quais não é o

---

[3] Arno Stern, *Entre Éducateurs*, p. 24.

pressuposto de sentido. A pertinência do signo gráfico é uma noção que está longe de ser evidente no grafismo infantil. Que determinado signo possa designar uma árvore e não um boneco ou qualquer outro objeto, eis aí uma discriminação que não existe em determinado momento do desenho. O adulto encontra dificuldade para distinguir e isolar os diversos signos, daí o recurso ao comentário verbal, que mostra precisamente quanto é suspeito o apelo à semiologia neste caso; tanto mais quanto o comentário verbal de um mesmo desenho varia segundo o momento. Para a criança, todas essas questões não têm nenhum sentido. Essencialmente animista e mágica, a mentalidade infantil faz os objetos participarem entre si; o signo plástico não escapa a esse processo: para a criança pequena, os diversos signos se equivalem e se fundem uns nos outros, daí a quase impossibilidade de isolá-los.

A distinção dos diversos signos só intervém com a idade escolar, portanto, sob influência do adulto. É neste momento que se precisa o aspecto narrativo e figurativo do desenho, já que o adulto concede prioridade de valor a tudo aquilo que apresente um sentido e se mostre legível. Inicialmente, sentido ou não sentido apresentam um interesse mínimo para a criança, tão absorvida que ela está no manejo de matérias e de formas. Querer então descobrir a significação de um desenho infantil equivale àquela mesma atitude de procurar compreender a qualquer preço "o que quer dizer" uma tela abstrata. Sabemos que se a semiologia esclarece a pintura narrativa, por outro lado suscita muitas questões quando se trata de aplicá-la à arte não figurativa. O estudo do desenho principalmente encontra as mesmas dificuldades.

Nem por isso se deve descartar toda abordagem semiológica. Existe até certo número de razões que parecem tornar "explicáveis" as produções infantis. Como o repertório infantil de signos é infinitamente mais reduzido que o dos adultos, esses signos parecem mais facilmente reconhecíveis. Mas isso só é válido a partir do momento em que se impõe à criança a utilização de um código narrativo, operando desse modo uma redução que nos afasta da polissemia das produções infantis primitivas. Esse empobrecimento da expressão efetua-se mais frequentemente na escola, agente de transmissão de uma cultura redutora e classificatória. A criança aprende então a utilizar os elementos de um código gráfico praticamente universal, que lhe permite fazer-se compreender e entrar em contato com o adulto. O processo de socialização está acionado. De expressiva, a função do desenho se torna comunicativa. O semiólogo pode então dar-se por muito satisfeito. Mas o que fica assim delimitado e isolado apenas demonstra a influência (e a contribuição) do adulto, muito mais que esquemas próprios do grafismo infantil.

Que o desenho infantil possa ser encarado como uma língua, eis aí algo que, até uma análise mais ampla, permanece

Figura 11
Os principais temas do repertório "infantil":
boneco, casa, árvore, flores, pássaro.

no terreno hipotético, ou melhor, metafórico. Não se pode negar que ele constitui "um sistema de signos", mas quanto a saber quais são as propriedades do signo gráfico infantil, isso é uma questão que permanece aberta e que demandaria estudos detalhados.

DESENHO E EVOLUÇÃO

Como a elaboração do sistema gráfico é paralela à evolução psicomotora, convém adotar um processo progressivo e evolutivo que leve em conta o fato de que a criança está em perpétua mutação: "tudo o que diz respeito à criança (suas experiências, sentimentos, crescimento...) atua sobre essa evolução dos signos da linguagem plástica"[4]. Tal evolução se faz por etapas, no decorrer das quais observam-se regressões a um estágio anterior do grafismo, regressões significativas de um distúrbio profundo ou de uma crise passageira. A criança zangada rabisca com energia, a angustiada barra com traços negros o desenho que acabou de fazer. Tais regressões podem produzir-se tanto de um desenho para outro como dentro do mesmo desenho, com um personagem – geralmente o irmãozinho ou a irmãzinha cuja existência não é aceita – recebendo um grafismo mais rudimentar.

A interpretação de um desenho – isolado do contexto em que foi elaborado e da série dos outros desenhos entre os quais se inscreve – é portanto nula. Ocorre com o desenho o mesmo que com a imagem cinematográfica, que recebe seu sentido das imagens que a precedem e a seguem: determinado pormenor só se torna pertinente retrospectivamente, pela repetição do mesmo tema ou redundância formal. Neste caso, é toda a dinâmica do sistema de signos que deve ser considerada. A casa torna-se corpo, rosto, a chaminé nariz, fálus. O signo se enriquece, torna-se outro sem, todavia, perder suas significações anteriores. Daí uma

---

[4] Arno Stern, *Entre Éducateurs*, p. 38.

verdadeira espessura do signo, que só é legível na série completa de suas transformações e acréscimos. O sistema ressoa sobre si mesmo; as produções reagem sobre elas mesmas sem que se abandone o sentido primário, o corpo que se torna casa, sem por isso deixar de ser corpo; o sol dá lugar ao leão, ou ao polvo, cada vez acrescentando à imagem nova toda a riqueza de suas conotações sucessivas. Mutações gráficas e plásticas, jogos de imagens análogos aos jogos de palavras: a função poética drena a cadeia de significantes, operando transferências e condensações.

Figura 12
Christiane (5 anos), casa com cabeça humana.

Figura 13
Lionel (8 anos), rosto-casa.

AS GRANDES FASES DA EVOLUÇÃO

Luquet distingue quatro estágios na evolução do grafismo infantil:

1) *Realismo fortuito*: Este estágio começa por volta dos 2 anos e põe fim ao período chamado de rabisco. A criança que começou por traçar signos sem desejo de representação descobre por acaso uma analogia formal entre um objeto e seu traçado. Então, retrospectivamente, ela dá um nome ao seu desenho.

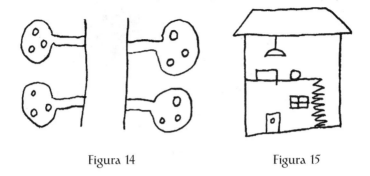

Figura 14   Figura 15

2) *Realismo fracassado*: Tendo descoberto a identidade forma-objeto, a criança procura reproduzir essa forma. Sobrevém então uma fase de aprendizagem pontuada de fracassos e de sucessos parciais, fase que começa geralmente entre 3 e 4 anos.

3) *Realismo intelectual*: Aos 4 anos começa o principal estágio que irá estender-se até por volta dos 10, 12 anos. Esse período caracteriza-se pelo fato de que a criança desenha do objeto não aquilo que vê, mas aquilo que sabe. Daí o recurso a dois processos: o plano deitado (os objetos não são representados em perspectiva, mas deitados em torno de um ponto ou um eixo central, por exemplo, as árvores de cada lado da estrada) e a transparência ou representação simultânea do objeto e o ponto

Figura 16
Fenômeno de transparência:
o gato engoliu a velha e o papagaio.

de vista da criança, porque ela mistura diversos pontos de vista. Assim, a casa é representada ao mesmo tempo de fora e de dentro, o bebê é desenhado em transparência no ventre da mãe etc.

4) *Realismo visual*: Acontece geralmente por volta dos 12 anos, e às vezes desde os 8 ou 9 anos, em que aparece o fim do desenho infantil, marcado pela descoberta da perspectiva e a submissão às suas leis, daí um empobrecimento, um enxugamento progressivo do grafismo, que perde seu humor e tende a juntar-se às produções adultas.

A terminologia de Luquet – na medida em que subordina o desenho à noção de realismo – deixa a desejar[5]. Embora tenha sido o primeiro a distinguir as grandes etapas do grafismo infantil, etapas retomadas depois pela maioria dos especialistas, sem grandes modificações, sua analise é insuficientemente explicativa. Não explica o nascimento da representação figurativa e tampouco a passagem de um estágio para outro. Particularmente, não se fica sabendo por que o desenho, em certo momento, acaba por empobrecer-se e desaparecer. Tais estágios formam planos fixos, instantâneos, para fixar características que assim se tornam mais facilmente reconhecíveis. Mas restaria situar

---

[5] Cf. cap. 1, p. 16.

todos esses dados numa *perspectiva genética* que pudesse não apenas descrever, mas explicar.

Mais ainda, poder-se-ia perguntar qual o interesse que existe em distinguir estágios, considerados como degraus sucessivos na ascensão a uma representação correta das coisas. Isso não seria valorizar desde logo o realismo visual, já que a noção de etapas implica a ideia de um progresso em direção a um objetivo a ser atingido? Do mesmo modo, o que parece importante não são as etapas em si mesmas, mas o sentido do percurso. Será que há razão para representar cada etapa como a preparação de uma etapa ulterior, considerada mais importante e mais representativa? Não se poderia operar uma inversão e considerar a evolução do grafismo não como uma caminhada para uma figuração adequada do real, mas como uma *desgestualização* progressiva?

O grafismo começa, como veremos mais adiante, pelo rabisco, gesto essencialmente motor. O rabisco ainda é muitas vezes encarado de maneira pejorativa, como um exercício fútil; o próprio Luquet o situa à margem dos estágios, fora, portanto, do grafismo infantil propriamente dito. De ordem pulsional, não imediatamente legível, o rabisco foi ignorado em favor de um desenho orientado para a representação de uma realidade visual. Esta, imediatamente legível pelo outro, ao contrário da realidade pulsional, não apresenta problemas de reconhecimento.

Quanto às noções de transparência e de plano deitado, características do "realismo intelectual", podemos considerá-las como pervertidas num sentido racionalista. A transparência, para a criança, é o meio para traduzir uma experiência não tanto especial quanto afetiva. A casa não é apenas o lugar em que o objeto se inscreve, mas também uma rede de afetos. Só o adulto é que "vê" os objetos em transparência, uns distintos dos outros, e susceptíveis de entrar em experiências sucessivas – casa vista de fora, móveis dispostos dentro de uma casa, mas que poderiam estar em qualquer outro lugar, loja, catálogos etc. A criança, ao

Figura 17
Plano deitado. Multiplicidade de pontos de vista.

contrário, vive os objetos em simbiose uns com os outros; afetivamente, ela não os separa: a casa é percebida através da espessura das experiências múltiplas que provoca, indissociável dos personagens e objetos que ela contém. Esse processo de estilo constituído pela transparência não se reveste da mesma significação para a criança e para o adulto (cf. fig. 15 e 16).

Figura 18
Os trilhos são apresentados deitados.

DO GESTO AO TRAÇO: O RABISCO

A evolução da criança começa com o que podemos chamar de desenho informal (e não abstrato, já que na criança pequena não existe nenhum desejo de não figuração). Nesse estágio, no plano plástico, a expressão infantil começa pelo borrão, ou aglomerado, e, no plano gráfico, pelo rabisco, "movimento oscilante, depois giratório, determinado na origem por um gesto em flexão que lhe dá o sentido centrípeto, oposto aos ponteiros de um relógio"[6]. O estudo dessas primeiras manifestações é capital para quem quiser compreender a arte infantil, pois essas manifestações condicionam toda a atividade futura da criança e constituem uma verdadeira "pré-história" do desenho[7].

Nascidas da grafologia, as pesquisas sobre o rabisco foram empreendidas no fim do século XIX por William Preyer, que estudou pela primeira vez as manifestações gráficas dos bebês. Expressão de um ritmo biopsíquico próprio de cada indivíduo, o rabisco aparece com a aprendizagem do andar e do sentido do equilíbrio. Seu estudo articula-se em torno de uma análise psicomotora do gesto gráfico, que depende da apreensão do eixo corporal: "A precisão do gesto está ligada à possibilidade, para os segmentos de membro que o executam, de encontrar um apoio suficientemente firme no resto do corpo"[8].

Efetuado de início pelo simples prazer do gesto, o rabisco é antes de tudo *motor*. Só depois é que a criança, notando que seu gesto produziu um traço, tornará a fazê-lo,

---

[6] Maurice Prudhommeau, *Le dessin de l'enfant*, citado em Widlöcher, p. 34.

[7] Daniel Widlöcher, *L'interprétation des dessins d'enfants*, p. 30.

[8] Wallon, *Enfance*, 1950, p. V.

desta vez pelo prazer do efeito. Momento decisivo esse, em que a criança descobre a relação de causalidade que liga a ação de rabiscar e a persistência do traço. É aí que se situa a origem do grafismo voluntário. Esse traço acha-se ele próprio precedido de outros jogos e manipulações – papinha, chocolate, mingau, excrementos – que proporcionam à criança um intenso prazer, frequentemente associado à censura dos pais. A satisfação de rabiscar e, mais ainda, de borrar "inscreve-se nos determinismos mais elementares da vida instintual". Corresponde à fase sádico-anal (prazer de sujar) e responde a uma violenta descarga agressiva. A mancha é anterior ao traço por razões ao mesmo tempo psicológicas (por estar ligada ao fato de se manchar, de se sujar) e técnicas (o traçado ganha em precisão acompanhando os progressos motores).

Marthe Bernson distingue três estágios do rabisco[9]:

a) *Estágio vegetativo motor* (por volta dos 18 meses)
   É quando aparece o tipo de traçado próprio da criança, mais ou menos arredondado, convexo ou alongado. O lápis não sai da folha e esses "turbilhões elípticos que partem do centro" correspondem a uma "simples excitação motora" (Wallon) (fig. 19).

---

[9] *Du gribouillis au dessin*, p. 12.

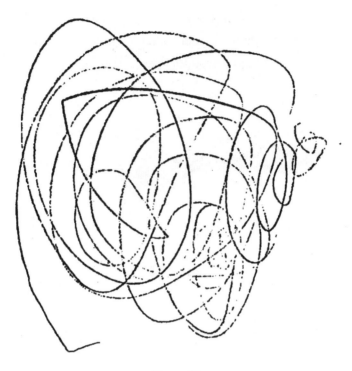

Figura 19
Stéphane (20 meses), traçado circular.

b) *Estágio representativo* (entre 2 e 3 anos)
   Esboços, delineamentos de formas, este estágio se caracteriza essencialmente pelo aparecimento de formas isoladas, tornadas possíveis pelo levantamento do lápis. A criança passa do traço contínuo

para o traço descontínuo. O ritmo se torna mais lento. Há uma tentativa para reproduzir o objeto e comentário verbal do desenho (ver fig. 20).

Figura 20
Aparecimento de formas isoladas.

c) *Estágio comunicativo* (começa entre 3 e 4 anos)
A imitação do adulto torna-se mais manifesta e se traduz por uma vontade de "escrever" e de comunicar-se com outrem. A criança elabora uma escrita fictícia, traçada em forma de dentes de serra, que procura reproduzir as letras dos adultos (ver fig. 21).

Figura 21

Como se apresentam as primeiras figuras efetuadas pela criança? Ela sente dificuldade em formar ângulos agudos, que demandam uma freada do gesto: existe portanto uma predominância das formas circulares e os primeiros rabiscos consistem em espirais ovaladas, executadas com um traço só, sem que a criança interrompa o gesto ou levante o lápis. Esses traçados circulares podem ser obtidos muito cedo, às vezes desde o primeiro ano; a aptidão para traçar linhas retas só virá muito mais tarde e o quadrado, por volta dos 5 anos. As linhas verticais de início predominam sobre as horizontais.

Liliane Lurcat[10] observa que a Gênese do círculo e do quadrado elabora-se em níveis diferentes: nascidos de movimentos contínuos, os traçados circulares são de tipo motor e correspondem a uma simples descarga cinestésica. Os quadriláteros, ao contrário, derivam de movimentos

---
[10] *Journal de Psychologie*, 1964, nº 2, p. 156.

descontínuos e coincidem com a aquisição do "controle duplo" (controle do ponto de partida e do ponto de chegada). De tipo perceptivo, eles se devem a uma modificação da relação olho-mão. O olho, que no começo "segue a mão", passa a guiá-la.

A evolução do rabisco repousa no domínio progressivo da criança sobre a sua própria atividade gestual. A produção de "pequenos traços retomados e superpostos", "sombreamento no lugar", marca a aquisição do controle simples (fig. 22) ou controle do ponto de partida: a criança sente um grande prazer em executar esse tipo de traçado,

Figura 22
Stéphane (20 meses), aparecimento dos ângulos.

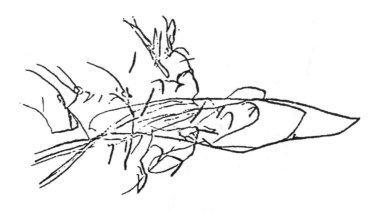

Figura 23
Alexandre (2 anos e meio).

toda contente em poder levantar e abaixar o lápis em cadência. Depois, ela se torna capaz de grafismos mais ricos e mais complexos, como a figura da irradiação onde encontramos uma prefiguração do boneco girino (fig. 24).

Até aqui, os exercícios de aperfeiçoamento eram, sobretudo, motores. O controle duplo coloca em jogo mecanismos espaciais representativos e perceptivos. O olho orienta o traçado. Surge nesse momento a aptidão para emoldurar as figuras e enquadrar o desenho, enquadramento que primeiro segue os contornos da folha e depois se liberta, pouco a pouco. A criança aprende a combinar figuras: círculos tangentes exteriormente, figuras circulares englobando outras figuras, ovoides secantes etc.

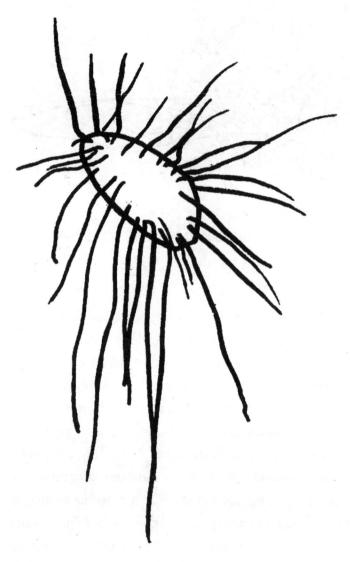

Figura 24
Aparecimento da irradiação (2 ou 3 anos).

A FIGURA DO BONECO

Doravante, está tudo preparado para o aparecimento do boneco dotado de um corpo e quatro membros. Ele realiza a síntese de duas figuras anteriores (irradiação que gera a figura do girino e círculos tangentes que permitem à criança acrescentar um corpo ao seu personagem). O que explica que no começo o boneco seja quase sempre representado com os membros superiores fixados na cabeça. Chave que permite decifrar o grafismo infantil, a figura do boneco

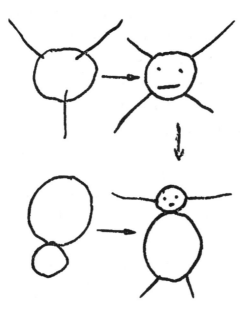

Figura 25

pode ser lida sob a maioria dos traçados. Há duas razões para isso: primeiramente, a criança projeta no desenho seu próprio esquema corporal; ela traduz assim a maneira como vive seu corpo e se sente apreendida pelo outro, como aquela menina cujo desenho, boneco invertido, correspondia à sua posição favorita, deitada no chão, de pernas para o ar. Ou aquela outra menina "sentindo uma dor física que não consegue localizar conscientemente, mas que exprime de imediato deformando o lado de uma casa"[11]. A segunda razão é o antropomorfismo da mentalidade infantil que anima personagens e objetos, daí a extrema frequência de animais, casas e flores com cabeça humana, e os primeiros animais não passam de bonecos aos quais a criança acrescentou um detalhe significativo (cauda, orelha etc.) (fig. 26). O que a criança desenha, portanto, é sempre ela mesma, sua própria imagem refletida e decifrada em múltiplos exemplares.

Arno Stern distingue várias linhas na evolução da figura do boneco, todas partindo do círculo e do boneco girino inicial, para chegar a uma figuração humana mais evoluída. Três linhas: o boneco-batata (fig. 27), nascido do girino de quatro membros; o boneco-estrada (fig. 28), derivado do girino de dois membros; o boneco-flor (fig. 29), que prolonga o girino de um só apêndice. Progressivamente, o

---

[11] Arno Stern, *Une grammaire de l'art enfantin*, p. 7.

Figura 26
Anna, a criança-elefante.

boneco se enriquece, torna-se mais complexo. De início um simples círculo munido de tentáculos, ele se vê dotado de um corpo que, ele próprio, se transforma, torna-se boneco-sino, boneco-casa etc.

À medida que a criança chega a uma etapa mais avançada da figuração do boneco, a imagem anterior fornece matéria para imagens derivadas. "Não encontramos mais a imagem humana para encarnar-se – porque esta tomou

Figura 27 Figura 28 Figura 29

outras estruturas –, ela é obrigada a concretizar-se em imagens que têm configurações semelhantes às do boneco ultrapassado."[12] Como a metamorfose do boneco em estrada e em casa:

---

[12] Arno Stern, *Une grammaire de l'art enfantin*, p. 28.

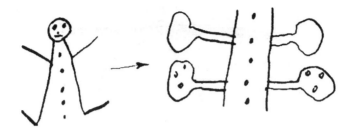

Figura 30
A estrada com seus pontos e suas árvores deitadas
(resíduos dos quatro membros do boneco).

Figura 31
A pré-casa com suas duas chaminés
(resíduos dos dois braços do boneco).

Signo privilegiado e profundamente egocêntrico, o boneco se situa, portanto, na origem de toda, figuração – imagem-matriz do grafismo infantil.

Figura 32
Jacques (4 anos), o "boneco-estrada".

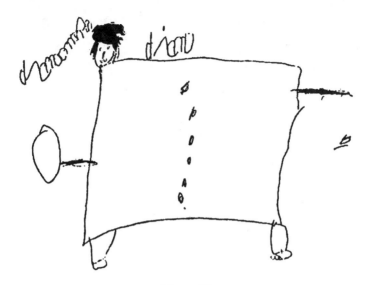

Figura 33
"Boneco-casa."

DO TRAÇO AO SIGNO

Com o desenho do boneco, a criança passa do traço, simples índice de uma ação que ela prolonga e cuja persistência assegura, para o signo que supõe ao mesmo tempo distinção e aproximação entre um significado e um significante. Podemos então aplicar ao desenho aquilo que Piaget diz do jogo de maneira mais geral, isto é, que ele leva "da ação à representação, na medida em que evolui de sua forma inicial de exercício sensório-motor para sua forma de jogo simbólico ou jogo de imaginação"[13]. Mas o desenho só entra na categoria dos "jogos simbólicos" quando permite à criança exprimir um pensamento individual. O processo de socialização transforma depois o desenho de imaginação em desenho de observação. A assimilação do real ao eu ainda predomina no rabisco, com o sujeito procurando principalmente marcar seu próprio poder sobre os objetos.

Com os inícios da figuração, a acomodação ao redor reforça-se até transformar-se em *subordinação*. Passamos da ação "autotélica", do rabisco voltado para o eu e, portanto, profundamente narcisista, para uma conduta "heterotélica", em que a criança se preocupa mais com a semelhança ao real. "Nas ações 'heterotélicas' a orientação da conduta é centrífuga, na medida em que há subordinação dos esquemas ao real, ao passo que as ações 'autotélicas' mostram uma orientação centrípeta, na medida em que o sujeito, utilizando os mesmos esquemas, sente prazer em exercer seus poderes e em sentir-se causa"[14]. De início essencialmente lúdico, efetuado por prazer, o desenho torna-se pouco a pouco uma atividade cujo caráter sério tem como contrapartida o acesso ao universo adulto.

---

[13] Jean Piaget, *La formation du symbole chez l'enfant,* p. 6.
[14] *Ibidem*, p. 154.

O grafismo infantil, como já se observou muitas vezes, é, sobretudo, *narrativo* e *figurativo*. Assim que descobre a possibilidade de representar o real por meio de signos, a criança contenta-se geralmente em desenhar objetos e não recorre com frequência à abstração. Seus desenhos narram, procuram transmitir uma mensagem. Resta saber se esse aspecto narrativo não está ligado a certo estado da civilização – já que durante muito tempo a arte foi quase exclusivamente figurativa – e se o adulto não reforça essa característica pelas perguntas que faz à criança: "o que é isso?", "o que é que isso representa?", quando não a condiciona pura e simplesmente impondo-lhe um assunto.

O rabisco tende certamente a desaparecer da produção infantil. Podemos indagar-nos sobre as razões desse desaparecimento. Os diferentes autores observam que, quando ele persiste, é ou a título de detalhe ou ornamento (cabeleira, nuvem, fumaça etc.), ou em consequência de uma regressão cuja causa é um acesso de cansaço momentâneo ou um distúrbio psíquico. Portanto, ele só pode subsistir a título de anomalia ou integrado à figuração. Não se lhe atribui nenhum valor em si mesmo. Neste caso, pais e educadores exercem uma função repressiva.

Fica assim ignorado e rejeitado o valor gestual e dinâmico desse tipo de grafismo que a arte contemporânea tende a reencontrar. Essa desgestualização é um eco daquela rejeição do corpo praticada pelo Ocidente. Como encenação do corpo que se exprime e se solta no gesto, o rabisco possui um valor dinâmico. Portanto, não pensamos como certos autores para os quais a criança está voltada exclusivamente para a figuração, que muitas vezes não passa de justificação e disfarce para o prazer que ela sente em manejar formas, cores, matérias.

3.

A CONSTRUÇÃO DE UM ESPAÇO

> "O desenho é uma representação, isto é,
> ele supõe a construção de uma imagem
> bem distinta da própria percepção."
>
> (PIAGET)

DO ESPAÇO COMO COISA EM SI AO ESPAÇO COMO CONVENÇÃO

Durante muito tempo considerou-se o espaço como um espaço absoluto que existia fora do ato perceptivo e era dotado de propriedades imutáveis, espaço dado antes de qualquer experiência e que o homem aprendia pouco a pouco a conhecer e a representar corretamente. Elaborando os esquemas que permitiam submeter o universo figurativo às leis do espaço euclidiano, os pintores da Renascença julgaram descobrir as leis fundamentais de todo espaço e aceder a uma representação perfeita do universo. Assim, da Renascença até o Impressionismo, a pintura esteve reduzida à representação do espaço perceptivo, considerado como único espaço verdadeiro. Deriva desse ponto de vista toda uma concepção de ensino do desenho (concepção que predomina com muita frequência), baseada na observação e na imitação do real. A esse respeito, podemos destacar frases significativas das Instruções Ministeriais, que figuram nos Programas e Instruções[1] destinados aos professores de desenho para classes primárias: "o desenho ao natural, desenvolvendo o *senso de observação,* faz descobrir o caráter particular de *modelo...* A atenção da criança deverá também ser dirigida para a *representação da natureza...*"[2]. Toda a pedagogia de desenho acha-se assim subordinada à observação do real que se deve "aprender a olhar" e a copiar. Fica-se confuso ante tais afirmações que desejaríamos que fossem apenas ingênuas e ignorantes, a tal ponto elas se situam ao revés das descobertas da psicologia contemporânea. É significativo constatar que nesse campo – como em muitos outros – o ensino e a pedagogia estão atrasados, pois há muito tempo a publicidade e a arte já utilizam a descoberta e a exploração de espaços diferentes do espaço

---

[1] *Programmes et Instructions*, Armand Colin, pp. 289-292.

[2] Grifo nosso.

perceptivo. Não que este último deva ser proscrito de maneira radical. Produto de circunstâncias determinadas, gerado no seio de certa experiência do universo e das relações que com ele mantemos, o espaço perceptivo não é nem verdadeiro nem falso. "A perspectiva linear [...] não corresponde a um progresso absoluto da humanidade na direção de uma representação sempre mais adequada do mundo exterior sobre a tela plástica fixa de duas dimensões; ela é um dos aspectos de um modo de expressão convencional, baseado em certo estado das técnicas, da ciência, da ordem social do mundo em determinado momento"[3]. Cumpre então situar corretamente a perspectiva de maneira correta, tomando-a pelo que é: "uma simples montagem" estética e não uma categoria do espírito. Mas o erro da Renascença foi hipostasiá-la, a ponto de fazer dela uma realidade espacial única e transcendente, uma norma absoluta a que se deveria fatalmente referir-se.

Sabemos agora que essa perspectiva não passa de uma solução entre outras para o problema da representação do espaço; que não existe espaço em si, mas *uma pluralidade de espaços* possíveis, e o aparecimento de cada um depende estreitamente das condições sócio-históricas do momento. Por que então impor à criança uma solução meramente convencional? Deve-se deixar que ela construa e apreenda

---

[3] Pierre Francastel, *Peinture et Société*, p. 7, Gallimard, 1952.

seu próprio espaço. Fato significativo: quando se força uma criança a submeter-se ao ponto de vista euclidiano, frequentemente ela se trai ao nível de um pormenor representado em perspectiva deitada; isso mostraria, se fosse o caso, que a aprendizagem da perspectiva *nada tem de natural*. O reconhecimento do caráter convencional do espaço perspectivo esteve ligado a uma circulação das teorias que analisavam o próprio ato perceptivo. Antes considerada como um ato de apreensão puramente passivo, a percepção é hoje reconhecida como a operação de um sujeito que intervém de maneira ativa na construção do objeto. O espetáculo perceptivo não é inteiramente dado à percepção: o campo espacial e sensorial elabora-se e estrutura-se progressivamente. Existe, pois uma gênese da percepção que obriga a estudar separadamente os processos perceptivos no adulto e na criança, sem no entanto esquecer que eles representam as diferentes fases de uma mesma evolução. Portanto, não há razões para pressupor na criança uma experiência do espaço análoga à do adulto. Anterior às montagens e às categorias espaciais colocadas pela ciência e a cultura, o espaço infantil aparenta-se com aquele originário de que fala Merleau-Ponty[4], espaço existencial aberto e constituído pelo corpo.

---

[4] Maurice Merleau-Ponty, *Phénoménologie de la perception*, Gallimard, 1945, p. 330.

ESPAÇO VIVIDO, ESPAÇO GRÁFICO

Através de tentativas e ajustamentos sucessivos, a criança elabora seu próprio espaço, de cuja existência tem a princípio apenas uma noção confusa: "no começo, a criança não possui nenhuma noção de espaço análoga à nossa. É como se ela nadasse na água à maneira de um peixe. O alto e o baixo, a esquerda e a direita, não existem para ela"[5].

O espaço gráfico é precedido de outros espaços, o primeiro dos quais é o espaço postural e bucal, espaço embrionário e puramente vegetativo, ligado às primeiras sensações de prazer-desprazer, aos sentimentos nascentes, espera e desejo; surge em seguida o espaço sensório-motor, ligado aos movimentos da criança e que se desenvolve primeiro pelo "espernear", depois pela aprendizagem do andar. O espaço representativo insere-se portanto em outros espaços, espaços vitais e carregados de afetos. Esse espaço representativo – que dá origem ao espaço figurativo – está sempre atrasado em relação ao espaço perceptivo. Portanto, é só com certa defasagem que o desenho corresponde à visão da criança e seria falso crer que o desenho resulta de uma simples transferência do espaço perceptivo. Existe criação e interpretação.

---

[5] Marthe Bernson, *Du gribouillis au dessin*, p. 46.

O espaço gráfico é a princípio o *espaço do gesto* e de todos os membros que entram em ação para produzir o *traço*. De início mais significativa que o rabisco, a mancha, modulação do espaço, possessão de uma superfície que se suja e se macula, delimita assim um território imaginário. A criança que pinta joga com uma pluralidade de espaços, espaços tácteis, cinestésicos, não sendo o espaço cognitivo ou representativo nem de longe o mais importante. Se admitirmos, com Merleau-Ponty, "como condição da espacialidade, a fixação de um sujeito num meio"[6], não devemos esquecer que na "mentalidade infantil, autista e próxima à do esquizofrênico"[7], os processos de assimilação do real predominam sobre os processos de adaptação.

A avaliação do espaço obedece primeiramente a imperativos que não são métricos, mas afetivos: "Além da distância física e geométrica que existe entre mim e todas as coisas, uma distância vivida me liga às coisas que importam e existem para mim..."[8]. A criança não se preocupa nem um pouco em respeitar as proporções dos objetos; ela lhes atribui uma "grandeza afetiva".

A elaboração progressiva de um espaço claro e coerente opera-se ao mesmo tempo que a construção da noção de

---

[6] Maurice Merleau-Ponty, *Phénoménologie de la perception*, p. 325.

[7] O que foi mostrado por Piaget.

[8] Maurice Merleau-Ponty, *Phénoménologie de la perception*, p. 331.

Figura 34
Christophe (4 anos).
Exemplo de proporções afetivas:
boneco maior que a casa.

objeto. Na experiência vivida, o espetáculo perceptivo não comporta objetos fixos; a mobilidade das percepções impede de determinar uma verdade do objeto: "Na atitude natural, eu não tenho percepções, não coloco este objeto ao lado deste outro objeto e suas relações objetivas, tenho um fluxo de experiências que se implicam e se explicam

Figura 35
(Josete, 5 anos).
Exemplo daquela transformação analógica
tão frequente na criança: as pupilas do
boneco transformaram-se em duas cabeças.

mutuamente, tanto na simultaneidade quanto na sucessão"[9]. Essa inerência do sujeito ao mundo, essa absorção na corrente das percepções, caracterizam a visão infantil, essencialmente caleidoscópica e proteiforme. Para o lactente, não existe nenhuma permanência do objeto, o qual não se mantém idêntico através de suas transformações; as aparências são percebidas como uma alteração do próprio objeto e não como "um acidente de nossas relações com ele".

A constituição do espaço gráfico é uma conquista longa e progressiva. O rabisco não é "nem totalmente um objeto, nem totalmente um espaço. Nebuloso, ele prefigura um e outro"[10]. Existe uma indistinção do espaço e dos objetos, do continente e dos conteúdos. O espaço começa por ser espaço-agido, vivido. A representação propriamente dita do espaço só começa com a figuração e com a preocupação de imitar o real.

Todavia, desde o rabisco, já existe uma tentativa de modulação espacial, por combinações de vazios e preenchimentos. O traçado divide-se de maneira diversa na página: pode ser central, marginal ou transbordar os limites da folha para continuar no suporte circundante, cada criança possuindo um tipo de distribuição espacial específica. Momento decisivo, esse em que o espaço não mais se confunde com o objeto e se torna meio.

---

[9] *Ibidem*, p. 325.
[10] Arno Stern, *Une grammaire de l'art enfantin*, p. 50.

No plano gráfico, a folha de papel constitui o espaço que a criança deve progressivamente dominar. A posse dessa superfície opera-se lentamente: a criança começa traçando linhas, formas, depois figuras; estas a princípio não se inscrevem num espaço diferente da folha: não encontramos nem cenário, nem meio ambiente, nenhuma representação espacial propriamente dita. Depois aparece o personagem "em situação", silhueta colocada num lugar definido, frequentemente assinalado por duas faixas horizontais, faixa de céu e faixa de terra, que tendem a aproximar-se progressivamente até formar um fundo denso e às vezes inteiramente colorido (ver fig. 36). Tudo isso, com soluções intermediárias tais como o "enchimento" ou preenchimento da superfície por meio de pontos, árvores esquemáticas, passarinhos etc. Certos desenhos são desse modo várias vezes maculados com pequenas manchas coloridas,

Figura 36

daí o interesse que, em certo momento de sua evolução, a criança manifesta pelas paisagens de neve, confete, chuva etc.

CARACTERÍSTICAS DO ESPAÇO INFANTIL

Para representar o espaço, a criança utiliza dois processos citados anteriormente: o plano deitado e a transparência, processos que ela partilha com certas formas de arte

Figura 37
Thierry (4 anos), plano deitado irradiante.

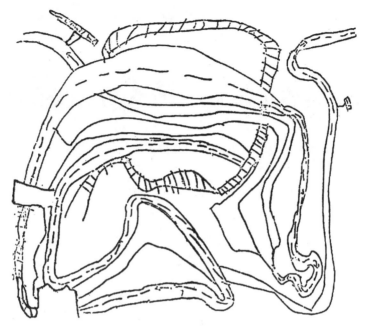

Figura 38

chamadas primitivas, assim como com certos pintores contemporâneos como Klee ou Miró. Desses dois processos, o mais complexo é sem dúvida o plano deitado, na verdade um falso plano deitado – como observa Piaget –, já que a criança ignora todo espaço projetivo e não pode fazer a experiência necessária a esse espaço: dobrar e desdobrar planos. Entre os diversos tipos de irradiação, já citamos o *plano deitado irradiante* (ver fig. 37) e *axial* (ver fig. 45) – a estrada enfeitada de árvores é o exemplo mais corrente. Tudo se passa como se a criança representasse o universo visto de um avião, daí esses espantosos entrelaçamentos, esses labirintos ou, ainda, essa cidades de planta minuciosamente traçada e cujos personagens são representados deitados (ver fig. 38).

Figura 39
Jacky (5 anos).
Notar as duas faces praticamente sobrepostas.

Figura 40
François (8 anos), sobreposição dos planos.

Entre as variantes do plano deitado, podemos assinalar o fenômeno do reflexo (fig. 39), em que a criança representa sob a primeira a mesma figura deitada e como se fosse vista na água, e o caso particular do castelo que, a princípio, é apenas uma casa cujos dois lados foram desenvolvidos e representados sob a forma de torres. A profundidade de campo é substituída pela *sobreposição* e o escalonamento dos planos, outro processo que se encontra nas artes primitivas, com certos desenhos representando uma estreita faixa de terra serpenteando no céu, com casas suspensas acima do vazio (ver fig. 40).

O ESPAÇO TOPOLÓGICO

Primeiro a constituir-se, o espaço topológico será o único espaço graficamente acessível, até os 8 ou 9 anos, idade da aquisição dos mecanismos euclidianos e das relações projetivas com constância de grandeza e de forma. Durante os primeiros meses de vida, a visão da criança ignora qualquer constância dos objetos: "as figuras percebidas aparecem e desaparecem como quadros móveis, apresentando entre si uma sequência de deformações sem distinção possível entre as mudanças de estado e as mudanças de posição"[11]. As formas percebidas são então comparáveis

---

[11] Piaget e Inhelder, *La représentation de l'espace chez l'enfant*, p. 20.

"àquelas estruturas deformáveis e elásticas consideradas pela topologia"[12].

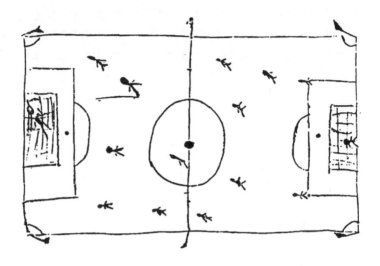

Figura 41
Jean-Claude (11 anos), exemplo de cena "vista de avião".

No plano gráfico – mesmo que a criança esteja num estágio mais evoluído no plano perceptivo –, a organização espacial começa por intuições sobre as relações de continuidade-descontinuidade, vizinhança, separação, envolvimento etc. As noções espaciais não são métricas, mas

---

[12] *Ibidem*, p. 21.

qualitativas. Essas relações que se organizam muito progressivamente, ao mesmo tempo que se desenvolvem os mecanismos motores e representativos susceptíveis de dar-lhes origem, começam desde o rabisco com a dissociação continente-conteúdo. Momento em que a criança passa muito tempo incluindo figuras dentro de outras figuras, manchas, círculos incluídos em outros círculos (fig. 20).

UM EXEMPLO DE RELAÇÃO TOPOLÓGICA: A CASA

Entre todos os temas possíveis, o da casa pode permitir apreender de que modo a *criança vive o espaço*. Primeiro espaço explorado, símbolo do meio familiar em que se desenvolvem as primeiras experiências decisivas[13], a casa aparece violentamente carregada de afetos. Prolongamento do corpo e da personalidade da criança, a casa constitui para ela um verdadeiro ambiente, o que se chamou "unwelt", isto é, o mundo usual de suas experiências perceptivas e pragmáticas[14], cognitivas e afetivas, lugar em que se abrem os primeiros gestos,

---

[13] Não nos esqueçamos deste fato revelado pela psicanálise: a estrutura psíquica do indivíduo, quanto ao essencial, constitui-se nos quatro primeiros anos de vida, e todo o desenvolvimento ulterior sofre o contragolpe dos acontecimentos marcantes da primeira infância.

[14] Georges Canguilhem, *La connaissance de la vie*, Hachette, p. 181.

refúgio contra o universo desconhecido e ameaçador, a casa funciona como *espaço mítico*. A criança projeta nela suas angústias, suas fantasias. A casa deixa então de ser o meio cósmico para tornar-se a imagem daquele espaço orgânico e interior que não é outro senão o espaço do corpo e das sensações viscerais – como aquela menina citada acima, que deforma o lado de uma casa para exprimir sua dor física[15].

Os desenhos de casa podem dividir-se em duas categorias: primeiramente uma casa tradicional, de linhas mais ou menos geométricas, estilo de *habitat* totalmente codificado: casa de telhado pontudo, com uma chaminé fumegando, uma estrada que serpenteia. Mas ao lado desses desenhos ditados à criança pelo meio ambiente, encontramos representações mais espontâneas que revelam seus gostos e necessidades em matéria de espaço.

Logo que a criança dá livre curso à sua imaginação para evocar a casa de seus sonhos, ela inventa espaços radicalmente diferentes do *habitat* tradicional. As casas se veem dotadas de formas flexíveis, plásticas, mutáveis; a casa torna-se móvel, casca de tartaruga ou de caracol que a gente transporta consigo, as paredes podem aumentar e o espaço alargar-se em função das necessidades da família. Formas privilegiadas são as formas arredondadas; daí uma profusão de bolhas, naves espaciais, navios, casa-flor etc.

---

[15] Cf. p. 58.

Figura 42
Jacques (3 anos e 8 meses), a casa.

Se o espaço esférico acalma e tranquiliza a esse ponto, é porque funciona como uma imagem inconsciente da matriz. As casas desenhadas pela criança estão quase sempre perto da água: piscina, rios, oceano sobre o qual a casa flutua. O pensamento infantil utiliza símbolos idênticos aos que são ilustrados pelas cidades utópicas. A cidade radiosa apresenta-se na maioria das vezes com uma estrutura concêntrica, cortada atrás por altas muralhas protetoras, cercada de água: "frequentemente, as cidades radiosas são portos, a não ser que estejam situadas sobre rios, à beira de lagos [...]. Esses diversos elementos são símbolos femininos que destacam o caráter maternal da cidade"[16].

A criança e o utopista, cada um por seu lado, traduzem esse desejo de regressão, "o desejo inconsciente de ser embalado por um mar tépido e descobrir a paz das águas intra-uterinas, uma renovação de [seus] sonhos embrionários"[17]. O espaço é aqui apreendido ao nível de uma das relações topológicas mais primitivas e mais carregadas afetivamente, já que remete a sensações anteriores ao nascimento: a relação de envolvimento.

EVOLUÇÃO DO ESPAÇO: OS PRINCIPAIS ESTÁGIOS

Piaget distingue três fases na evolução do espaço, fases essas que, quanto ao essencial, correspondem aos estágios de Luquet:

---

[16] Jean Servier, *Histoire de l'Utopie*, Gallimard, 1967, p. 273.
[17] *Ibidem*, p. 321.

1) *Incapacidade sintética* (realismo fortuito, realismo malogrado). Durante esse estágio, a figuração do espaço ignora totalmente as relações projetivas e euclidianas. Não existe nenhuma constância das grandezas, nenhuma tentativa para representar a profundidade. As relações topológicas elementares começam a organizar-se e ficam então inacabadas, a relação de vizinhança entre as figuras é mais ou menos respeitada: o personagem possui realmente dois braços, mas estes acham-se ligados à cabeça ou então do mesmo lado do corpo. As formas são mais ou menos diferenciadas (fig. 43).

Corretas no que concerne às figuras simples, as relações de vizinhança ou de envolvimento apresentam falhas ao nível das figuras complexas: os olhos podem ser representados fora do rosto e os móveis fora da casa. Existe compreensão de uma relação entre os elementos, mas esta é representada de maneira inadequada. As figuras contínuas são simplesmente justapostas: assim é que o cavaleiro é representado acima do cavalo, o chapéu acima da cabeça (ver fig. 43).

2) *O realismo intelectual* (de 4 a 10 anos): se as relações projetivas e euclidianas começam apenas a elaborar-se, as relações topológicas são em geral

Figura 43

respeitadas; o espaço perspectivo nascente entra em conflito com o espaço topológico: daí a transparência correta do ponto de vista topológico, já que marca uma relação de envolvimento e de interioridade, mas não conforme à unidade de ponto de vista do espaço perspectivo. Da mesma maneira, para respeitar uma intuição topológica, a criança é levada a representar o rosto de perfil com os dois olhos, relação de vizinhança que não coincide com o espaço euclidiano. O plano deitado também é contrário a esse espaço, uma vez que se baseia essencialmente na multiplicidade dos pontos de vista. Os diferentes elementos de uma mesma cena são encarados sob diferentes ângulos: por exemplo, na figura 45, os personagens na estrada e as árvores. "Há contradição tanto com a estrutura euclidiana quanto com a estrutura projetiva: o objeto é deformado como se fosse plástico e as distâncias, as coordenadas, as perspectivas não atuam."[18]

Os dois lados da estrada são representados sem fugentes, por duas linhas paralelas; o tamanho dos personagens não diminui com a distância (ver fig. 45). E quando essas estruturas projetivas e métricas aparecem, elas só dizem respeito a alguns pormenores. O conjunto permanece não coordenado.

Por que razão a criança representa tão tarde a perspectiva que, no plano perceptivo, ela já apreendeu há muito tempo? É porque existe, responde Piaget, uma diferença fundamental entre a visão e a representação da perspectiva. Para considerar um objeto de determinado

---

[18] Piaget e Inhelder, *op. cit.*, p. 75, cap. 2, p. 70.

Figura 44
Céline (4 anos).

ponto de vista, não é necessário estar consciente dele. Em compensação, "representar-se ou representar graficamente o mesmo objeto em perspectiva supõe que se tem consciência, simultaneamente, do ponto de vista sob o qual é percebido e das transformações devidas à intervenção desse ponto de vista"[19]. Portanto, o que permite a figuração da perspectiva é a apreensão de uma relação entre o sujeito e o objeto observado.

---

[19] Piaget e Inhelder, *ibidem*, p. 211.

Figura 45
Michelle (11 anos), plano deitado.

Figura 46
Aparecimento da conduta da mira:
os passos que se afastam sobre a neve
ligam o personagem ao iglu.

3) O *realismo visual* (começa entre 8 e 9 anos): uma vez constituídas as relações topológicas, a criança preocupa-se em respeitar as distâncias, as proporções respectivas das figuras; submete seu traçado à

Figura 47
O foguete que levanta voo: diminuição projetiva do objeto em função do afastamento.

unidade de ponto de vista. Enquanto o espaço topológico avança pouco a pouco e só considera cada figura em relação a si própria, as relações projetivas "determinam e conservam as posições reais das linhas em relação umas com as outras"[20], daí o aparecimento da perspectiva, que não suplanta o espaço topológico, mas visa a integrá-lo.

Essas relações organizam-se lentamente e, pouco a pouco, levam a criança a submeter todos os objetos a uma visão de conjunto, ligando-os por meio de coordenadas. Aparece então a conduta da mira, que consiste em ligar dois pontos por meio de uma reta, colocando o mais afastado no prolongamento do mais aproximado. Os diferentes planos não são mais sobrepostos, mas disfarçam-se mutuamente. A linha (noção simplesmente topológica) dá lugar à reta cuja representação pressupõe o espaço euclidiano. "As estruturas implicam a conservação das retas, dos ângulos, das curvas, das distâncias ou de certas relações que subsistem através das transformações."[21]

Será que a perspectiva é uma etapa inelutável na evolução do desenho, constituindo nesse caso uma solução, uma consequência e uma síntese das experiências espaciais

---

[20] Piaget e Inhelder, *ibidem*, p. 70.

[21] *Ibidem*, p. 184.

da criança? Ou, pelo contrário, devemos considerá-la como o simples resultado de um condicionamento socioeducativo, uma vez que a criança se acha mergulhada numa civilização (a nossa, a ocidental) em que tudo está preparado para que ela possa um dia adquirir a perspectiva? A questão afigura-se delicada, na medida em que remete para o problema da inserção da criança na sociedade, mas parece duvidoso que toda criança, sobretudo se for educada numa civilização que escapa à esfera ocidental, chegue necessariamente à representação da perspectiva. Esta depende então de uma explicação psicossociológica e não se pode considerá-la como a consequência obrigatória de uma evolução universal.

Note-se que a representação da perspectiva parece favorecida pelo emprego de certas técnicas: ela é notada mais frequentemente nos desenhos que nas pinturas. Quando a criança pinta diretamente, sem desenho preliminar, a mancha predomina e sobrepuja a linha, o que leva a privilegiar as relações topológicas em detrimento das relações projetivas e euclidianas. O mesmo fenômeno é observado na arte contemporânea, cujas pesquisas sobre o espaço equiparam-se a certas intuições da criança. Por meio da vista, o pintor procura transmitir sensações não mais visuais, mas tácteis e cinestésicas: "doravante, vamos em direção a um espaço afetado pelas dimensões polissensoriais de nossas experiências íntimas"[22].

---

[22] Pierre Francastel, *Peinture et Société*, p. 196.

Figura 48
Hélène (6 anos),
dificuldades na representação gráfica das coordenadas.

As reflexões teóricas que acompanham a atividade da arte contemporânea tornam também "legíveis", por tabela, as modalidades da expressão gráfica infantil.

4.

DESENHO, PSICOLOGIA E PSICANÁLISE

> "As análises infantis demonstram sempre que, por trás do desenho, da pintura e da fotografia, esconde-se uma atividade inconsciente muito mais profunda: trata-se da procriação e da produção no inconsciente do objeto representado."
>
> (MELANIE KLEIN)

Praticamente todos os trabalhos sobre desenho infantil efetuados até hoje inscrevem-se numa óptica psicológica. Seria impossível expor e analisar em algumas páginas a totalidade deste material e dos problemas abordados. Limitar-nos-emos a indicar as principais tendências, ilustrando-as com exemplos, posto que a própria divergência das visões torna difícil qualquer exposição sintética. De fato, há uma grande diferença entre as monografias puramente descritivas dos diferentes testes e as exposições que tendem a dar conta da gênese do grafismo. Quanto aos métodos empregados respectivamente pela psicologia projetiva e pela psicoterapia de base analítica, na maioria das vezes é difícil estabelecer uma ponte entre eles.

Interessando-nos aqui mais pelo desenho do que pelos próprios métodos, interrogar-nos-emos sobre a contribuição destes para o estudo do desenho e não sobre seu domínio respectivo. Vale dizer quanto nossa exposição será parcial e limitada[1].

O DESENHO COMO EXPRESSÃO DA PERSONALIDADE

Utilizado primeiro para avaliar o QI da criança nos testes de inteligência, o desenho manifestou-se logo como a expressão da personalidade como um todo. Signo, traço, índice de uma realidade psíquica não imediatamente acessível, o desenho torna-se objeto de uma interpretação, pois o que importa não é mais o grafismo propriamente dito, mas o que ele designa, o sentido a que remete. Se o desenho permite assim aceder à personalidade de seu autor, é porque ele constitui um lugar privilegiado de projeção – do mesmo modo, aliás, que qualquer obra de arte. Projeção no

---

[1] Para esta questão, remetemos à obra de Widlöcher: *L'interprétation des dessins d'enfants*.

duplo sentido psicológico e psicanalítico do termo. Widlöcher adverte com razão contra uma utilização abusiva do termo, que designa tanto os métodos da psicologia chamada projetiva quanto o mecanismo psicanalítico, que consiste em transferir para a pessoa do psicanalista os sentimentos outrora experimentados com relação aos pais. A acepção psicanalítica recorre ao conceito de deslocamento que não se encontra mais ao nível da psicologia projetiva, em que o grafismo é concebido como simples reflexo, espelho onde se perfila o eu. No momento, só nos interessa essa última acepção.

Há diferentes aspectos a considerar. Pode-se estudar sucessivamente a maneira como a criança utiliza linhas e formas, o modo de distribuição do espaço, a escolha da cor. Todas essas características têm valor expressivo e traduzem de maneira específica o estado emocional da criança.

O estudo do grafismo propriamente dito (predileção por certas formas, traços mais ou menos sinuoso, convexo ou anguloso, incerto ou nervoso etc.) assemelha-se à grafologia, já que a mão só traduz um certo grau de tensão nervosa. Descrito como mais ou menos forte, agressivo ou hesitante, o traço deu ocasião a estudos minuciosos, como os empreendidos por Alschuler e Hattwick[2] que chegaram a uma tipologia sumária: linhas curvas e sinuosas nos indi-

---

[2] *Painting and personality,* Univ. of Chicago, 1947.

víduos sensíveis e temerosos; ângulos retos, linhas firmes nos opositores e nos realistas. Como observa Widlöcher, esse tipo de descrição não nos ensina mais – estaríamos mesmo tentados a dizer que ensina menos – que o estudo do comportamento da criança que desenha; seus movimentos de oposição, de cólera etc., importam tanto quanto o próprio grafismo. Tais dados deveriam, pois, ser relacionados com a totalidade da conduta, fora da qual não podem ser considerados como significantes.

As modalidades de estruturação do espaço deram ocasião a interpretação e estudos diversos, "sendo dominante a impressão de que o espaço gráfico e sua utilização refletem muito diretamente a maneira como o sujeito integra entre si mesmo as noções de espaço e de duração[3]". A escolha do formato e a amplitude da superfície recoberta testemunham o maior ou menor domínio do sujeito, suas inibições e distúrbios. A repetição obsedante e sistemática de um mesmo motivo sobre toda a folha traduz um temperamento obsessivo e compulsivo; a criança tímida e introvertida desenha-se minúscula no centro da página, enquanto a instável preenche toda a superfície com traços nervosos.

A divisão da folha em diferentes zonas (a terça parte superior representaria o ideal; a terça parte média, o sentido da realidade, e a terça parte inferior, as pulsões inconscientes),

---

[3] M. C. Debienne, *Le dessin chez l'enfant*, p. 39.

que corresponderiam a outras tantas significações psicológicas particulares, repousa num postulado contestável, pois a coloração afetiva das categorias espaciais varia em função de cada civilização. Não se poderia, pois, ver aí dados universais, uma vez que, como observa M. C. Debienne, a criança utiliza o espaço "à maneira dos baixos-relevos ou das frisas da Antiguidade, um pouco à maneira de uma página escrita, de cima para baixo e da esquerda para a direita, o que reduz a nada qualquer simbologia gráfica[4]". Conviria acrescentar qualquer simbologia universal, pois existe uma simbologia espacial, mas ao mesmo tempo individual e cultural. Encontramos aqui as observações de Freud sobre a impossibilidade de se constituir uma chave universal dos sonhos, já que o deciframento do sonho evoca uma simbologia que mergulha suas raízes na própria vida do sonhador. Não se poderia, pois, utilizar uma chave semelhante para interpretar o desenho.

Seria preciso sublinhar o perfil específico desempenhado pela cor, quase sempre minimizado, criticado e omitido no estudo do desenho. Prefere-se reduzir este a um esquema incolor, abstrato, integrando-se mais facilmente nos esquemas já prontos e nos quadros precompostos de tipologia do caráter. Quando se pensa nele, é para estabelecer uma simbologia tão sumária quanto as consideradas

---

[4] M. C. Debienne, *op. cit.*, p. 41. Cf. fig.40, p. 80.

anteriormente: o vermelho, signo de hostilidade, de agressão; o azul, harmonia, mas também conformismo e introversão; o verde e o violeta, oposição e tensões. A ausência da cor seria considerada como a marca de um "vazio afetivo"; sua integração "harmoniosa"[5] ao desenho mostraria, pelo contrário, um bom equilíbrio. O emprego das cores puras (vermelho, amarelo, azul) e das tonalidades firmes seria bom sinal "até os 6 anos". Além daí, a utilização abusiva do vermelho trairia a agressividade, a ausência de qualquer controle emocional. Vermelho até os 6 anos, não além! Isto diz muito do recalque pulsional operado pela educação[6]. A frequência dos tons escuros (preto, cinza, marrom etc.) e sujos (amarelo, castanho, toda a gama de marrons) indica uma má adaptação e denuncia um estado de regressão.

O que pensar de tais estudos? As diferentes cores possuem por certo uma dimensão existencial; "elas apresentam-se com uma fisionomia motriz, são recobertas por uma significação vital"[7]. O vermelho e o amarelo aparecem assim como cores "adutoras", que favorecem a extroversão e todos os movimentos voltados para o mundo, o azul e o

---

[5] Vê-se quanto esses estudos estão ligados a uma ideologia estética bem precisa: o Harmonioso, o Belo, o Agradável opõem-se aí às cores: "Sujas, Contrastantes, Vibrantes".

[6] Cf. pp. 125 e ss.

[7] Maurice Merleau-Ponty, *Phénoménologie de la perception*, p. 243.

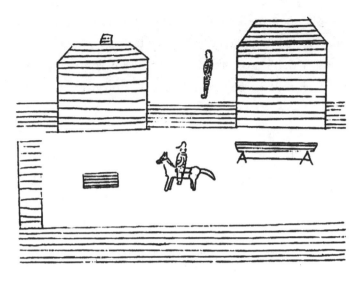

Figura 49
Victoria (10 anos), exemplo de tendência racional.

verde seriam cores "abdutoras", privilegiando a introversão. Existe uma "conduta azul", um comportamento próprio de cada cor, que atrai o olhar de uma maneira particular; certas pulsões, certos desejos, também já afetivamente coloridos de maneira específica, procuram para se exprimir os gestos que correspondem a essas cores: "Antes de ser vista, a cor anuncia-se então pela experiência de uma certa atitude do corpo que só convém a ela e a determina com precisão"[8].

---

[8] *Ibidem*, p. 244.

Mas não poderíamos de modo algum satisfazer-nos com uma simbologia tão sumária e tão parcimoniosamente repertoriada. Só se compreende o valor existencial de uma cor recolocada no contexto desenho-autor-meio, no campo das tensões e das oposições formais, interiores e sociais. "O valor de tal cor é sublinhado por tal forma, atenuado por tal outra. Cores 'agudas' salientam melhor suas qualidades numa forma pontuda (o amarelo, por exemplo, num triângulo). As cores que podem ser qualificadas de profundas acham-se reforçadas com sua ação intensificada por formas redondas (o azul, por exemplo, num círculo)"[9]. A escolha de tal ou tal cor resulta da interferência de múltiplas influências (das crianças entre si, do adulto, da cultura e dos múltiplos parâmetros sociológicos), o que prejudica o estabelecimento de qualquer grade de equivalência sistemática.

A síntese de tais dados leva à distinção realizada por F. Minkowska entre o *sensorial* e o *racional*. Na abertura de uma exposição de desenhos infantis, ela situa-os no duplo prolongamento de Van Gogh e de Seurat. Estes últimos ilustram dois modos de existência, dois tipos de enraizamento no mundo. Num predomina a forma, a frieza, o objetivo imóvel: "O racional compraz-se no abstrato, no imóvel, no sólido e no rígido, [...] ele discerne e separa e por isso os objetos com seus contornos nítidos ocupam um lugar privilegiado

---

[9] Wassily Kandinsky, *Du spirituel dans l'art et dans la peinture en particulier*, p. 48. Drouin, 1949.

na sua visão do mundo; assim ele chega à precisão da forma"[10]. A pintura de Seurat é representativa dessa primeira tendência. Van Gogh, ao contrário, encarna o próprio tipo do sensorial ligado ao concreto, ao dinamismo da vida: "Ele

Figura 50
Claudine (13 anos),
distúrbios na apreensão do esquema corporal:
relações topológicas inacabadas.

---

[10] Citado em Prefácio – Dr. E. Minkowski, *Van Gogh*, Presses du Temps Présent, 1963.

vê o mundo em movimento [...], movimento que não se reduz a um simples deslocamento dos objetos no espaço, mas que, no seu dinamismo elementar, valoriza por assim dizer o objeto e impõe-se frequentemente em detrimento da forma; ele vê enfim o mundo em 'imagens', sempre vivas e longe de qualquer abstração"[11] (cf. fig. 11, p. 39).

A oposição sensorial-racional não poderia entretanto ser utilizada de maneira rígida. Ela designa antes de tudo dois polos do psiquismo entre os quais oscilam as produções infantis.

O DESENHO COMO INSTRUMENTO DE UM DIAGNÓSTICO

A maior parte da literatura sobre o desenho infantil tem como objetivo a descrição de testes que permitam estabelecer um diagnóstico com base no grafismo. Distinguem-se dois conjuntos: os testes de inteligência e os testes de personalidade.

Os testes de inteligência

Pressupondo a existência de um tipo de grafismo próprio a cada idade, inseparável, pois, da noção de fases

---

[11] Citado em Prefácio – Dr. E. Minkowski, *Van Gogh*, Presses du Temps Présent, 1963.

progressivas[12], as provas de desenho foram amplamente utilizadas para determinar o grau de "maturação" intelectual. Daí seu emprego para determinar os sinais de debilidade e de deficiência mentais. Propõe-se à criança modelos de figuras geométricas para reproduzir, ou então o desenho de imaginação, ou ainda o desenho ao natural, sendo o teste mais conhecido o da figura humana esquematizada. F. Goodenough estabeleceu um sistema preciso de cotação, podendo cada idade atingir um escore estabelecido estatisticamente: qualquer detalhe anatômico ou de vestimenta acrescentado à figura humana vale um ponto (cabeça representada: 1 ponto; nariz representado: 1 ponto etc.).

Figura 51
Criança "psicótica" (13 anos), tesoura.

---

[12] Noção criticada mais acima, cap. 2, pp. 45-6.

Aperfeiçoado posteriormente, tendo-se tornado mais complexo com o aparecimento de um personagem "em situação" (teste de Fry: "uma mulher passeia, e chove"), o teste da figura humana esquematizada foi logo reconhecido como a expressão da personalidade total e deste modo integrado aos diversos exames psicoclínicos.

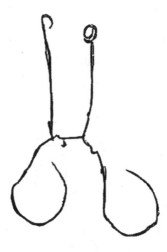

Figura 52
Criança "psicótica" (13 anos), tesoura.

Os testes de personalidade

Entra aqui especificamente em jogo o valor projetivo do desenho, uma vez que o desenho é reconhecido como espelho e reflexo de toda personalidade – fenômeno sobre o qual já insistimos.

Dentre os numerosos testes dessa espécie (desenho da árvore, desenho livre, sobre um tema, teste da figura humana esquematizada etc.) apresentaremos brevemente dois: o teste da casa e o teste da família.

Figura 53
Patrícia, desenho da casa, caminho sinuoso.

Particularmente utilizado por F. Minkowska, o *teste da casa* recorre a elementos simbólicos cuja ausência, presença e configuração devem ser cuidadosamente analisadas; trata-se de observar a aparência em geral da casa, o número

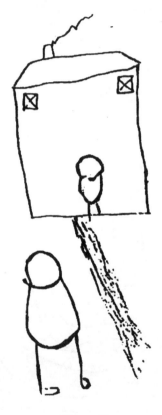

Figura 54
Anita, desenho da casa. Atalho que não chega a lugar nenhum, ausência de porta.

e o lugar das aberturas e das vias de acesso, a importância da chaminé, a existência ou não de uma vizinhança, a tonalidade afetiva dos coloridos...

Particularmente todas que F. Minkowska relaciona com o binômio sensorial-racional. Nenhuma notação precisa foi considerada por esta última, que se baseia essencialmente numa apreciação clínica das produções da criança.

Lugar privilegiado das fantasias, o desenho da família é o objeto de diversas orientações: tratar-se-á ora de representar a família (real) da criança, ora "uma" família (imaginária);

Figura 55
Catherine, desenho da família.
(Os outros irmãos e irmãs estão dentro da casa, acréscimo de um bebê com relação à família existente.)

essas duas orientações são dadas quase sempre sucessivamente, o que permite avaliar por comparação a importância que se deve atribuir a tal ou tal personagem, representado na família real, mas omitido na família imaginária, por exemplo, ou então o inverso. Sendo a finalidade da prova "descrever e especificar para cada criança os conteúdos evocados quanto às suas 'imagens familiares'... – na medida em que não se pode pensar que essas imagens são conflituosas –, apreciar a natureza e a intensidade dos conflitos implicados; em especial apreciar se estes podem se reduzir a uma fase evolutiva normal ou se apresentam um caráter mais ou menos patológico"[13].

A composição da família, a ordem de aparecimento dos personagens, a estatura destes, os comentários que acompanham seu aparecimento, tudo será cuidadosamente observado no decorrer da execução; em geral o personagem mais importante é desenhado primeiro, seu tamanho é consequência disso – mas é preciso desconfiar desses dados gerais, pois o contexto clínico pode muito bem lançar por terra essa constatação; a ausência de um personagem, irmão ou irmã que a criança gostaria de excluir da família, revela-se na maioria das vezes como sinal mais pertinente. Mas, como observa adequadamente Widlöcher, convém

---

[13] M. Sorelli-Vincent, citado em M. C. Debienne, *Le dessin chez l'enfant*, p. 74.

"tomar cuidado para não ir demasiadamente longe na interpretação dessas anomalias [...] o desenho da família ensina-nos mais sobre a existência dos conflitos do que sobre a natureza"[14]. Portanto esse teste só tem sentido quando recolocado no percurso do exame clínico.

LIMITES DA CONTRIBUIÇÃO DA PSICOLOGIA PROJETIVA E DO MÉTODO DOS TESTES

Os limites desta obra impuseram-nos na verdade uma apresentação sucinta (e portanto caricatural) da psicologia projetiva e dos testes; não se poderia entretanto silenciar sobre as críticas a fazer a tais "abordagens" do desenho, preocupadas em classificar e reduzir (por assimilação com "tipos" fabricados pelo adulto) mais do que em compreender; o desenho reflete as inibições da criança, os distúrbios da inteligência e do comportamento: isto é inegável e não questionamos o princípio, isto é, a projeção, mas o contexto no qual são desenvolvidos tais estudos, a artificialidade dos métodos empregados, a finalidade a que visam: a integração da criança nos quadros pré-fabricados que ocultam o distúrbio, tornam-no ilegível porque repertoriado e pré-digerido.

---

[14] *L'interprétation des dessins d'enfants*, p. 228.

Não basta apelar para uma perspectiva clínica e não somente psicométrica, levando em conta certas reações da criança e o contexto do tratamento. Na maioria das vezes, a óptica é a mesma.

Com a criança transformada em mecanismo de adaptação, seu desejo fica ignorado, recalcado, recoberto pela "interpretação" dos adultos. "A sociedade trata, de fato, a criança como o objeto de um saber tecnocrático do qual se espera rendimento e eficácia: os testes de nível por um lado, as classificações nosográficas por outro, pretendendo colocar-se a serviço da criança, de fato a ignoram [...]; classificando as crianças, a sociedade imobiliza-as e condena-as..."[15] Se o desenho é para ser *lido,* é como *totalidade,* expressão de um desejo da criança na série completa não somente de suas transformações, mas também de suas elisões.

Quanto à contribuição específica da psicologia projetiva ao estudo do desenho, deve-se reconhecer que se utiliza mais o desenho em psicologia do que esta contribui para um estudo próprio do desenho considerado em si mesmo, independentemente das vantagens que pode apresentar ou das *informações* fornecidas. Pode-se dizer o mesmo da psicanálise, na qual o papel de desenho limita-se a um estatuto subalterno de método e de auxiliar.

---

[15] C. Misrahi, *Encyclopedia Universalis* (1968), artigo "Enfance", p. 221.

UTILIZAÇÃO DO DESENHO NO TRATAMENTO PSICANALÍTICO

No começo da Psicanálise, encontra-se em Freud apenas uma única análise de criança em que o desenho é utilizado: o caso do menino Hans[16]. A análise foi feita por intermédio do pai que comunicava a Freud os sonhos, as angústias e os desenhos do filho. Deve-se admitir que essa utilização do desenho não tem nada de metódico; Freud nunca se detém nele.

São conhecidas aliás as reticências de Freud no que diz respeito à aplicação do tratamento analítico às crianças. Será preciso esperar os trabalhos de Melanie Klein para que a psicanálise infantil adquira estatutos, métodos, fundamentos psicológicos.

A teoria kleiniana do jogo permite avaliar o lugar do desenho no tratamento. As dificuldades de linguagem da criança, tornando às vezes impossível qualquer comunicação, eram consideradas como obstáculos da psicanálise infantil. Ora, Melanie Klein observa que os jogos infantis estão submetidos aos mesmos mecanismos de associações que os discursos do adulto; pode-se pois aplicar-lhes os mesmos mecanismos que os sonhos: "se empregarmos essa técnica, constataremos rapidamente que as crianças não produzem

---

[16] *Cinq psychanalyses*, PUF, Paris, 1970, pp. 93-198.

menos associações com os diferentes traços de seus jogos que os adultos com os elementos de seus sonhos"[17].

A expressão gráfica e plástica é utilizada por Melanie Klein, da mesma maneira que os outros brinquedos: bonecas, objetos pequenos, jogos com água etc. O desenho representa uma simples atividade lúdica. Entretanto poderíamos extrair da análise kleiniana toda uma teoria da *expressão* figurativa.

Assim a forte inibição no desenho, que encontramos tanto no tratamento quanto fora dele, teria como origem o recalque do potencial libidinal investido nessa atividade, "desejo de penetrar no corpo materno e de examinar seu interior [...] de estudar os processos de fecundação e do nascimento"[18]. Esse interesse recalcado pela geografia do corpo materno explicaria as inibições no desenho, "no jogo, na leitura etc. A análise restitui à criança essa capacidade de produzir e de criar através do desenho, 'gesto mágico' pelo qual ela pode realizar a onipotência de seu pensamento"[19]. Se Félix não chegava sequer a imaginar como se podia desenhar uma casa (símbolo matricial) é porque tinha medo de produzir realmente o objeto cobiçado e temido; "desenhar era para ele criar o objeto representado – a incapacidade de desenhar era a impotência". Isto

---

[17] M. Klein, *Essais de Psychanalyse*, Peyot, 1968, p. 173.
[18] *Ibidem*, p. 133.
[19] *Ibidem*, p. 104.

pode lembrar a história daquela menina tomada de pânico ao desenhar o incêndio que destruía o centro onde ela vivia; o próprio lápis começou a pegar fogo.

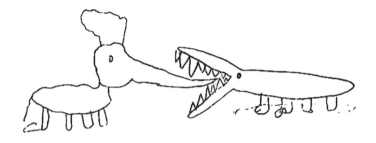

Figura 56
O elefante e o jacaré (angústia de castração).

Inversamente, a prática do desenho pode favorecer a expressão das pulsões destruidoras. A reticência manifestada por Richard com relação a lápis e a papel explica-se assim no decorrer do tratamento pelo desejo e temor de ferir o analista[20].

Outras crianças se mostrarão agressivas com relação à própria folha, perfurando-a, rasgando-a ou riscado-a com traços compulsivos. Comandando toda a atividade lúdica e gráfica, a liberação das fantasias e sua descarga fornece ao analista

---

[20] M. Klein, *Psychanalyse d'un enfant*, pp. 56, 60-61.

o material indispensável para o tratamento, posto que "um contato mais estrito (que no adulto) entre o inconsciente e o consciente, assim como a coexistência das pulsões mais primitivas e dos processos mentais muito complexos"[21] permite ter um conhecimento mais direto dos primeiros traumas.

É a Sophie Morgenstern que se deve – na França – a utilização desse método; tendo de tratar de uma criança de 9 anos atacada por um mutismo de caráter neurótico, ela recorre ao desenho para comunicar-se. Chega desse modo a entrar em contato com a criança e a remontar à origem do distúrbio; mutismo ligado a uma angústia de castração, o que se traduzia no plano gráfico pelas seguintes cenas: pássaros, animais de grande porte, homens com bonés, homens com três braços, com cachimbo, com uma faca, homens na lua, pais sem cabeça etc. Sophie Morgenstern esclarece que a criança "mostrava uma grande compreensão pelo simbolismo de seus desenhos"[22]. No fim do tratamento, ela representa um homem com barba, depois desenha-se a si mesma barbuda, estando sua língua e barba munidas de um cadeado. O distúrbio desfaz-se pouco a pouco graças ao desenho, que opera uma verdadeira catarse no decorrer da qual a criança mata magicamente seu avô. Morgenstern extrai dessa observação os grandes princípios que submetem doravante a interpretação

---

[21] *La psychanalyse des enfants, op. cit.*, p. 21.

[22] *Le symbolisme et la valeur clinique des créations imaginaires chez l'enfant*, p. 53.

psicanalítica do desenho: é o inconsciente que preside à elaboração do desenho; este apresenta analogias incontestáveis com o sonho – encontramos nele a mesma simbologia.

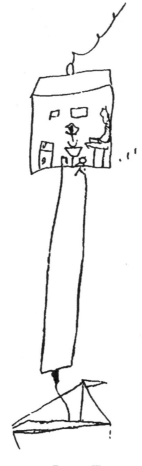

Figura 57
Anônimo, caminho-fálus.

Numerosos são os analistas que atualmente se apoiam sobre o desenho durante o tratamento, conjuntamente com outros modos de expressão: modelagem (para as senhoras Dolto-Marette), jogos com areia e água etc.: "Através do desenho encontramos no cerne das representações imaginativas do sujeito, de sua afetividade, de seu comportamento

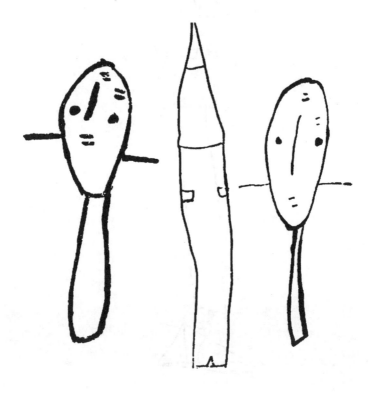

Figura 58
Amal (13 anos), "pré-esquizofrênico".

interior e de seu simbolismo. Este nos serve para a orientação das conversas com a criança, depois de o termos tacitamente compreendido"[23].

DESENHO E SONHO

Todos os analistas – a começar por Melanie Klein – insistiram sobre o parentesco profundo entre o desenho e o sonho, parentesco que repousa numa identidade de estruturas e de função. Encontramos então no desenho os mecanismos de trabalho de sonho: dramatização, condensação, deslocamento.

Encenação do trauma, o desenho provoca a revivescência dos velhos afetos: a criança pode desse modo exprimir suas fantasias, jogando com elas gráfica e picturalmente, tendo a cor muitas vezes uma função importante, pois ela vivifica personagens e objetos; "segundo o contexto, é claro que colorir os desenhos era tornar vivas as pessoas que eles representavam. Isto se assemelha, aliás, com minha experiência com os adultos: um ou dois entre eles, de fato, começaram a sonhar colorido durante o período do tratamento psicanalítico [...]; eles tinham a impressão de que assim podiam fazer os objetos reviverem"[24]. Essa aptidão

---

[23] Françoise Dolto, *Psychanalyse et Pédiatrie*, p. 153.
[24] Melanie Klein, *Psychanalyse d'un enfant*, p. 67, n. 2.

para dramatizar liga-se ao modo de expressão arcaico e simbólico próprio da criança, que privilegia a ação em detrimento da linguagem e do pensamento. O desenho informa-nos assim sobre a natureza das fantasias, dos recalques, e permite seu desaparecimento favorecendo a ab-reação. Entre todas as cenas representadas e revividas pela criança, encontra-se em primeiro plano a "cena primitiva", coisa para ver, coisa vista e recalcada que a criança se dá como espetáculo, coito dos pais disfarçado por detrás de toda uma rede de símbolos.

Como o sonho, o desenho participa de dois níveis de expressão, um consciente e mais ou menos intencional, o outro inconsciente e recorrendo a uma simbologia complexa. Partindo do "conteúdo manifesto" do desenho (as imagens), a análise esforça-se por remontar até seu "conteúdo latente" (as preocupações inconsciente da criança). Os processos de condensação e de deslocamento operam como na atividade onírica: o conteúdo manifesto do desenho é assim mais curto e infinitamente menos rico que aquele que a análise revela, o mesmo signo recobrindo múltiplas significações (exemplo: casa-corpo-rosto-meio familiar-matriz etc.). Quanto ao deslocamento ou transferência do acento psíquico de um objeto para outro, ele faz com que o conteúdo manifesto do desenho seja centrado de maneira diferente de seu conteúdo latente; na maioria das vezes é um detalhe que conduz à significação oculta, com a

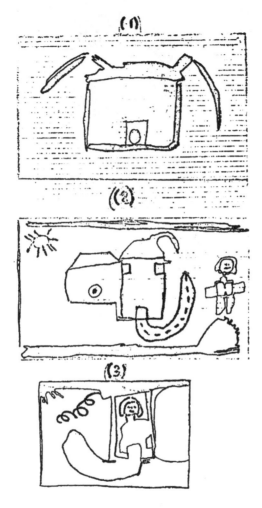

Figura 59
Philippe (5 anos), três desenhos sucessivos com evolução ao nível da simbologia. Chaminés, caminho-fálus; simbologia reforçada pelo aparecimento de uma figura humana (2) que entra em seguida na casa (3).

Figura 60
Anne (3 anos e meio) desenhou "o sexo da mulher".

censura colocando elementos secundários no primeiro plano do conteúdo manifesto.

A ação conjugada dos três processos do trabalho de sonho conduz à formação de símbolos a decifrar. Se existe uma simbologia universal – e não somente própria das crianças, mas ainda do folclore, dos mitos, da arte etc. (cf. fig. 56 a 61) –, no entanto, é preciso desconfiar das interpretações psicanalíticas superficiais, a interpretação deve sempre ser feita no contexto do tratamento.

Figura 61
Mathieu, nuvem que chora.
(Notar os dentes da nuvem, o sexo que foi acrescentado.)

DESENHO, ESCRITA E RECALQUE DAS PULSÕES

"Mas chega destes horrores."[25]

Algumas problemáticas de passagem

A sexualidade infantil existe; negá-la hoje seria negar totalmente as descobertas da psicanálise freudiana e kleiniana;

---

[25] Sigmund Freud: antecipando as reações dos ouvintes (conferência sobre a sexualidade infantil).

da simples sucção às diferentes fantasias arroladas pelos psicanalistas, o modelo das atividades infantis constituiu até hoje o objeto de numerosos estudos[26].

Antes de concluir sobre o aspecto psicanalítico da criação infantil, poderíamos tentar esclarecer, com a ajuda de exemplos, alguns processos passageiros de transformação: a articulação rabisco/escrita, a escrita como máscara, ocultação da energia para o rabisco por um lado e o período de latência por outro, na medida em que a criação infantil permite situar as fantasias da idade escolar, o lugar dos recalques, no sentido de compreender como se "fabricam crianças comportadas, portanto desenhos comportados".

A articulação rabisco/escrita[27]

O estágio do rabisco é definido em outro lugar como o espaço de um traço, espaço do gesto[28], no triplo aspecto; percurso, pulsão, dinamismo; vale dizer que os problemas de força e de intensidade dominam; nada poderia submeter *forçosamente* essa dinâmica a uma rede de significações precisas. Os rabiscos-conglomerados[29] escapam a qualquer

---

[26] Ver a Bibliografia.

[27] A escrita será considerada aqui como técnica.

[28] Não tentamos aqui nenhuma teoria do traço, conviria consultar outras obras: Derrida, Klee, Marin, Barthes etc.

[29] Todas as atividades pré-figurativas.

redução narrativa; nesse sentido o rabisco aparece como descarga não regulada, atividade pulsional, e a aprendizagem da escrita canaliza essa descarga em termos regulados de significações, de esforços bem colocados, portanto, de *energia não desperdiçada,* em termos de troca[30]. A escrita funciona então da mesma maneira que qualquer estrutura (página quadriculada, rapidez da escrita e qualidade etc.). Recalque nas canalizações, sublimação calma de todas as antigas encenações pulsionais, rabiscos-conglomerados que evitavam de antemão as armadilhas de leitura dos adultos. Como se a simples aprendizagem da escrita, por seus aspectos fastidiosos, laboriosos, expulsasse nas repetições e nas tentativas de "escrever bem" uma boa parte das intensidades do rabisco, que corre mais depressa que a "leitura dos pais". Traçar linhas retas, bastões, letras num espaço regulamentado da esquerda para a direita: o corpo e os mecanismos motores organizam-se para acabar de uma vez por todas com as manchas, os borrões, os erros. A criança que rabisca não se engana nunca[31] já que é assim que o corpo decide.

---

[30] Qualquer que seja o método empregado, a equivalência age em vários níveis; palavras/coisas, palavra/soma de letras, letras/soma de traço, traço/soma de coerções físicas.

[31] Não tentamos definir uma verdade, a da criança nunca realmente autônoma, a de uma pulsão representada livremente; uma única constatação; a criança rabisca *sozinha.*

Rabiscos, confusões, magmas liberados, apagados por traços finos e grossos, novas intensidade colocadas numa ordem apulsional, ao acaso das hastes de letras grossas embaixo e finas em cima, a escrita desempenha um papel fundamental do mesmo modo que outras estruturas (aula, brinquedo, avental, punições) no desaparecimento do desenho "infantil" pela regulamentação dos traços demasiadamente grossos de intensidade infantil. A escrita coloca a pulsão infantil – e sua representação gráfica: o rabisco – num sistema latente, oculto, à margem, à espera. Ela inventa esse lugar justo entre as margens para palavras decriptadas *a posteriori*, depois do esforço. Pode-se apagar toda a energia? De preferência, tenta-se deslocar para regiões fisicamente mais calmas, espaços regulados, "econômicos"[32], canais onde circulam os esforços complexos da mecânica gráfica; em todo caso, o fato é que nada desaparece realmente, a escrita regular e a aquisição da rapidez (é preciso escrever depressa e bem; entenda-se por *bem,* legível e regularmente) funcionam quando as histórias caminham lentamente, como as das aulas de escrita-leitura, nas quais se pode avaliar à vontade o desvio entre as coisas e as palavras, se nada pressiona, também nada força. A escrita mascara mais do que apaga as manifestações pulsionais da criança "perversa polimorfa".

---

[32] No sentido freudiano do termo: regulado pelo princípio do prazer, o menos carregado possível, de fato o menos sujeito à descarga.

O menor trauma, a simples alteração nos hábitos (desde manifestações gráficas nas cóleras até as perturbações mais profundas), qualquer atitude "à margem", não conformista, dá novamente à expressão gráfica a força que a aprendizagem da escrita e a da perspectiva tinham ocultado provisoriamente. Só nos interessa essa experiência de criação plástica praticada em duas escolas: a ocultação do rabisco e dos conglomerados sob a escrita, a aprendizagem de desenho, a mania de copiar o real, seriam desbaratados por um nada, um empurrão musical, a audição de um disco? A julgar por tais resultados, o período de latência descrito por Freud não seria apenas um engodo ou uma garantia da eficácia social da escola?[33] Renúncia às manifestações pulsionais e "desvio da energia da atividade sexual para o trabalho"[34].

"Às vezes acontece que um fragmento da vida sexual que escapou da sublimação irrompa, ou ainda subsiste uma atividade sexual durante toda a duração da latência..."[35]

---

[33] Ver as conclusões de J. Celma: *Journal d'un éducastreur* [Diário de um "educastrador"]; uma vez que os alunos das classes de Celma não estudam mais, o problema desse período de latência coloca-se num quadro diferente do quadro escolar normal.

[34] Sigmund Freud, *L'avenir d'une illusion*, p. 291.

[35] Sigmund Freud, *Trois essais sur la théorie de la sexualité*, p. 71, Gallimard, 1962.

Música e criação infantil

A finalidade desta experiência visava antes de tudo definir o lugar dos "estereótipos gráficos" na criação infantil, em função da "ilustração de temas musicais". O princípio é simples; as crianças desenham livremente ouvindo música em dez classes parisienses: da 11ª à 7ª série.* A estrutura da classe foi em todo caso respeitada[36]. Dois trechos musicais sucediam-se; o primeiro movimento do concerto chamado "primavera" de Vivaldi, depois uma compilação de diferentes movimentos de música contemporânea: Pierre Henry (*A Viagem*) e Pink Floyd (*Ummagumma*).

A influência dos "media" torna-se evidente à vista dos desenhos das crianças que ouviram Vivaldi; compreendida como música solene (música de corte com casal Rei/Rainha) e como música da dança (sempre num quadro clássico; castelo, corte) (ver fig. 62).

Observa-se também que numa classe de 11ª série, quando um aluno gritou: "é um casamento", toda a classe desenhou igrejas. A música assemelha-se ao argumento musical da encenação de uma representação.

---

* Na França, a numeração ordinal das séries é feita em sentido inverso. (N. do T.)

[36] Algumas classes de pedagogia Freinet trabalharam em grupos, como de hábito.

Figura 62
Casal e dança.

Tudo se desenvolveu de maneira diferente na audição dos outros segmentos musicais: como música não escutada, jamais ouvida, que não remete a nenhuma pré-representação, ela tornou-se rapidamente angustiante, e de início não situável na categoria das remessas estereotipadas, não remetendo a parte alguma a não ser o imaginário e o fantasmático, às projeções diretas de angústia; pai castrador, oralidade sádica, crimes, suplícios, esquartejamento. Nosso propósito não é tentar qualquer interpretação, pois ela implicaria o estudo de caos, mas definir a posição

Figura 63
"A criança teme uma punição correspondente à ofensa: o superego torna-se uma coisa que morde, que devora e que corta."
(Melanie Klein, *Essais de psychanalyse*, p. 230.)

das representações fantasmáticas através das rupturas de excitação provocadas pela música; entretanto as pesquisas freudianas, assim como as de Melanie Klein e de Jacques Lacan, permitem considerar tais desenhos sob o ângulo das manifestações psíquicas. Chama-se "princípio da Constância ou de Nirvana, a tendência do aparelho psíquico em manter

Figura 64
Manchas vermelhas sobre fundo cinza (11 anos).

a quantidade de excitação a um nível tão baixo ou pelo menos tão constante quanto possível"[37]. Qualquer *excitação* (angústia provocada pela música) pulsional, com a ajuda de um objeto (desenho), tende a suprimir a ruptura e o desvio. Aqui a música inesperada perverte os mecanismos de defesa; aparecem então manifestações gráficas de duas ordens: o realismo e suas crueldades vêm oportunamente descarregar toda a tensão; ao encenar a angústia, a representação

---

[37] D. Lagache, *La psychanalyse*, coleção *"Que sais-je?"*, PUF, p. 19.

suprime a perturbação ou canaliza sob formas narrativas, nas quais aparecem outros estereótipos que serão os da crueldade: fantasmas, carrascos, monstros[38], ou então nada na ordem de representação parece poder suprimir a carga emocional, e os mecanismos de defesa dissolvem-se nos rabiscos e conglomerados, sinal evidente de uma regressão aos "estágios do desenho infantil" (ver fig. 67) e manifestações evidentes das pulsões sexuais[39].

O desenho aparece então como cena privilegiada da produção fantasmática[40]. Uma simples excitação sensorial

---

[38] As cenas mais sangrentas, mais regressivas, também aparecem nos desenhos das crianças mais velhas (11 anos): reaparecem os bonecos girinos.

[39] Não tentaremos entrar aqui na problemática da pulsão de morte (tanatos), de destruição, e saber se, a um certo grau de excitação, os mecanismos de defesa da criança e sua faculdade de "descarregar" a angústia são extravasados, dissolvidos como são verdadeiramente dissolvidas, apagadas, absorvidas certas tentativas de representação (ver a fig. 67, um dos exemplos de desenhos sobrecarregados, superposições de conglomerados escuros). Parece que nesta fase a criança torna-se agressiva diante do suporte: extravasamento das pulsações de vida (aqui representação/descarga) pela pulsão de morte (conglomerados/dissolução); "[...] estes dois instintos confundem-se durante o processo de vida [como] a pulsão de morte vem, particularmente para secundar os desígnios do Eros" (Sigmund Freud, *Nouvelles conférences sur la psychanalyse*, p. 142, NRF, 1936.)

[40] Ou melhor, phantasmática no sentido da terminologia de Melanie Klein.

(aqui auditiva) e formam-se desvios entre a vocação narrativa do desenho escolar e os desenhos tais quais os lemos. Esses desenhos mostram que a latência é capa muito

Figura 65
"Por exemplo, você ficará certamente supreendido em saber que o menino teme, com muita frequência, ser comido pelo pai."[41]
Cabeça negra/mancha vermelha.

---

[41] Sigmund Freud, *Ma vie et la psychanalyse*, p. 132, NRF, 1950.

fina e que permanecem fixações em fases infantis ou mesmo pré-edipianas; por outro lado, a regressão a fases anteriores (a constatação de uma fixação) pode aparecer à menor desordem, à menor excitação, tudo isso em crianças "normais"; podemos assim arrolar as manifestações de fantasias infantis.

Figura 66

Figura 67

Extensão do vocabulário

Onipresença de *fantasmas*, carrascos, sangue, morte; gostaríamos de mostrar, no estreito quadro dessa experiência, que o imaginário infantil nas suas manifestações gráficas apresenta-se como contraponto dos estereótipos descritos em todos os manuais, uma gama sombria em que a oscilação do figurativo na crueldade opera-se ao redor de uma outra família de estereótipos cuja lista não se fecha aqui;

o imaginário não escapa às regras simbólicas já que todas as cenas propostas apresentam constantes na sua "arquitetura"; os antigos temas, casa, jardim, casal, apagados ou sobrecarregados, cedem lugar a novas figurações, novos estereótipos. Seria preciso descobrir por que seu aparecimento obedece a certas leis que não deixam de lembrar os mecanismos de defesa do "eu", descritos na obra de Melanie Klein. Claro que não se trata se empreender o estudo de todas essas visões na sua relação com a descoberta da psicanálise. Isto exigiria um estudo preciso de cada caso, para o que a experiência se presta mal: poderemos, no entanto, aproximar esses desenhos de crianças de escolas "normais", das produções fantasmáticas encontradas durante os tratamentos. Encontramos aí as mesmas angústias (castração, manifestações orais, sádicas, e até angústia de um corpo dividido). O quadro desta obra não é suficiente para tal estudo.

Situação do imaginário

Graças a esses poucos exemplos, poderemos medir a importância das criações fantasmáticas infantis; tais desenhos (numerosos em todas as classes) mostram muito claramente, ao que parece, a *organização de uma defesa;* defesa do ego diante das agressões, defesa da integridade do corpo, e isto em todas as idades de escolaridade, como se subsistissem as angústias "arcaicas". Poderíamos concluir examinando esses dois aspectos de desenho, que cada criação infantil possui, "um duplo" que procede da inversão, ou melhor, do *apagamento* do vocabulário habitual, dessa sobrecarga rabiscada (ver fig. 67) que encontramos cada vez que a destruição prevalece sobre a narrativa usual. Essa ambivalência ao nível do desenho não deixa de lembrar a ambivalência dos "objetos" psíquicos tal qual a descreve Mélanie Klein; esse duplo aspecto, representação e

Figura 68
Cena de crime; a cena é toda vermelha.

destruição/sobrecarga de representação, em que a tensão não liga forçosamente a representação e sua sobrecarga, mas, na maioria das vezes, o fato de desenhar e a negação do desenho (regressão para o rabisco). Deve-se ver aí provavelmente a onipresença das pulsões destruidoras, ligadas aos maus "objetos" sanguinários. Vermelho e negro, sangue e destruição em todos os desenhos.

5.

A UTILIZAÇÃO DE UM CÓDIGO

"Tentação que é inerente à própria sociedade: fazer da criança um ser que deve adaptar-se aos mitos do grupos e do qual os adultos esperam a realização de seus próprios sonhos ou a reparação de seus fracassos. Tomada assim na palavra do outro, não pode nunca ser encontrada na sua verdade, nas suas indagações. Procura-se hoje, em diversos países, um caminho que devolva à criança sua palavra perdida, levando-a a "dizer" seus desejos, seus dramas, suas próprias direções. Mas os adultos que se empenham nisso devem então aceitar na criança ao mesmo tempo aquilo que faz o homem e aquilo que o desfaz."

(C. MISRAHI)

UM ESTUDO COMPARATIVO

Enquanto são numerosas as análises psicológicas que se distinguem pelo interesse e importância dos ensinamentos que nos fornecem, o desenho infantil não parece ter inspirado os sociólogos. O estudo mais importante na matéria (seríamos tentados a dizer o único importante) remonta a 1951[1]. Cumpre ainda constatar que, se a análise é profunda, os resultados continuam bastante decepcionantes. O estudo comparativo de desenhos de crianças árabes e de crianças francesas leva o autor a concluir que não existem diferenças fundamentais ao nível do grafismo, e que, na maioria das vezes, estas apenas atingem alguns detalhes. Estes últimos devem sempre ser colocados em relação com traços característicos da civilização considerada.

Analisando o grafismo no meio muçulmano, Georges Rioux levanta um certo número de fatos: primeiramente, a extrema frequência de homens de cabeça grande coberta por um barrete – símbolo importante para a criança árabe, pois exprime o poder masculino –, ao passo que as crianças francesas da mesma idade raramente colocam um chapéu nas suas figuras humanas. A influência do meio familiar e a condição da mulher levam a menina muçulmana a executar desenhos minúsculos, frequentemente situados num canto da página, enquanto os meninos da mesma idade preenchem a totalidade da folha. O artesanato local também influencia a criança árabe: ela utiliza naturalmente figuras geométricas, figuras "herdadas dos tapetes, tecidos,

---

[1] Georges Rioux, *Dessin et structure mentale.*

bordados e cerâmicas"[2]. O desenho da casa assemelha-se assim na sua estrutura geral aos desenhos das crianças europeias, mas a criança muçulmana cobre a casa com mosaicos multicores, realizados a partir de variadas figuras geométricas: quadrados, retângulos, losangos, zigue-zagues etc. Enfim, divergências não desprezíveis aparecem na

Figura 69
Criança árabe (anônimo).

---

[2] *Ibidem*, p. 334.

escolha e emprego das diferentes cores; as tonalidades dominantes na criança árabe são amarelo, anil, verde e laranja. Denota-se uma frequência de cores puras menor que nas crianças europeias.

Essa predileção por determinadas cores encontra-se também no grafismo das crianças do Extremo Oriente, em particular nas crianças japonesas. Além disso, estas últimas sofrem a influência da caligrafia, que modifica profundamente o estilo dos desenhos; a linha tem tendência a

Figura 70
Adel (6 anos), palestino: plano deitado e transparência.
Observa-se a janela fora da casa.

prevalecer sobre a mancha e observa-se uma extrema precisão no detalhe.

O conjunto da produção gráfica infantil apresenta, pois, analogias essenciais tanto no plano formal quanto ao nível dos temas ilustrados: consequentemente, ela pareceria assinalar mecanismos psicológicos comuns e obedecer a idênticas leis de desenvolvimento. É só ao nível dos detalhes – secundários – que se poderia notar algumas divergências, divergências que constituiriam de alguma maneira a roupagem sociológica e anedótica de um grafismo que, ele sim, seria universal.

LIMITES DE UMA ABORDAGEM SOCIOLÓGICA

Será que se deveria concluir daí que a "mentalidade infantil" se desenvolve obedecendo a leis idênticas, seja qual for o meio onde evolui a criança e que, em larga escala, o desenho escapa ao impacto social?

Convém primeiro não esquecer que dispomos somente de pouquíssimos documentos que permitem apreciar as divergências reais existentes neste ponto entre duas culturas. Os desenhos estudados, na sua maioria, provêm de fato de civilizações que sofreram a influência do Ocidente, geralmente através do colonialismo. Não podemos, pois, considerá-los como signos pertinentes. Rioux não escapa a essa crítica, já que realizou a maior parte de suas pesquisas num meio escolar árabe muito "afrancesado".

A influência do meio cultural pode agir refreando o desenvolvimento do desenho? Pode-se dizer que as crianças dos países econômica e tecnicamente "subdesenvolvidos", as das classes sociais desfavorecidas, apresentam tipos de grafismo mais elementares que as dos países e das classes sociais ricas e privilegiadas? Os desenhos que ilustram o estudo de G. Rioux podem parecer características de um estilo menos evoluído que o das crianças europeias. Mas, se é certo que as condições de vida repercutem nas leis de desenvolvimento psicológico, entretanto não se pode ser demasiadamente prudente nesse assunto, pois os valores que servem para operar tais classificações são eles próprios duvidosos. Os critérios chamados "desenvolvimento" ou "subdesenvolvimento" são muito relativos e só funcionam no quadro de uma determinada ideologia.

Essas comparações provocam desconfiança, pois não se afastam nunca de um etnocentrismo sorrateiro e pernicioso: na maioria das vezes, comparar leva a reduzir e a assimilar as outras culturas à nossa, redução que leva a afastar todas as particularidades próprias da cultura considerada, sentindo-se como desvios diante das estruturas ocidentais. O "boneco" desenhado pela criança árabe não constitui uma anomalia; não devemos julgar esse desenho tomando como referência o das crianças francesas. O barrete que cobre a cabeça do personagem não deve de nenhum modo ser considerado como um "detalhe" acrescentado ao homem "normal", isto é, produzido pela criança francesa. Deixemos, pois, de recorrer ao exotismo, vendo no desenho da criança estrangeira um "travesti" do desenho europeu. O grafismo da criança árabe constitui uma totalidade estrutural e, se quisermos lê-lo, é no seu próprio contexto e no da cultura muçulmana que ele deve ser recolocado – não na nossa. Só aí aparecerá toda a pertinência do signo e a riqueza de suas conotações sociológicas. Tanto mais que o mesmo signo (sol, casa, chapéu, homem etc.) não tem forçosamente a mesma significação numa cultura e outra, remetendo, portanto, a um código social específico.

As dificuldades que surgem aqui são as mesmas que se encontram em qualquer comparação de duas ideologias: dificuldade em dar conta tanto das semelhanças reais como da diferença – essencial – que ao mesmo tempo aproximam e separam dois sistemas culturais. Uma sociologia da criança não pode escamotear esse problema.

Quanto a determinar no desenho a parte que provém do condicionamento cultural, distinguindo-a da contribuição própria a cada criança, trata-se de um empreendimento delicado, uma vez que a sociologia encontra aí dificuldades sérias. A relação do lactente com o meio (em geral a mãe) é antes de tudo de ordem biossocial.

Consequentemente, os primeiros contatos serão afetivos e durante vários anos o grupo será limitado à família. Esta veicula toda uma herança cultural; todo um conjunto de informações sociais é transmitido à criança que apreende tais dados através das *relações afetivas;* como os fatores sociológicos são veiculados por fatores psicológicos, toda abordagem da mentalidade infantil passa necessariamente pela psicologia.

Não se deve esquecer também que, se os sociólogos (e com eles alguns psicólogos) enfatizam cada vez mais (e parece que com razão) *a influência do meio social sobre o desenvolvimento da criança*[3], esta permanece, numa larga escala, impermeável a tais influências que transpõe de um modo lúdico, assimilando-as mais do que sofrendo. É preciso considerar essas resistências, imputáveis ao egocentrismo do pensamento infantil.

A CRIANÇA E O PRIMITIVO

Comparar o estilo dos desenhos infantis com as produções dos chamados povos primitivos foi durante muito tempo um dos clichês que se encontravam em qualquer obra que tratasse

---

[3] A. Kardiner e R. Linton mostraram a importância da personalidade de base ou "configuração psicológica própria dos membros de cada sociedade" sobre o desenvolvimento do indivíduo.

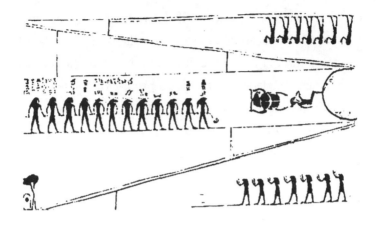

Figura 71
Civilização egípcia. Exemplo de plano deitado.

Figura 72
Civilização egípcia. "Animais caídos na armadilha."
(cf. fig. 37, p. 77)

da "arte infantil". Hoje desconfia-se disso – e com razão – pois tal aproximação deu lugar a assimilações apressadas. A criança participa de uma cultura que não tem nada a ver com a das sociedades primitivas; o primitivo, por seu lado, deve ser considerado por aquilo que é, um adulto e não uma criança retardada. Não se pode pois apelar para estruturas psíquicas comuns sem sérias reservas. Esse problema delicado não pode ser resolvido de maneira simplista. Será que para isto se deve afastar e classificar decididamente a questão, declarando que ela só se baseia em analogias fáceis?

Se, no estado atual dos conhecimentos, não dispomos de meios que nos permitam resolver o problema, podemos, no entanto, tentar circunscrevê-lo.

Podemos primeiramente levantar um certo número de fatos. Existem analogias incontestáveis entre os desenhos infantis, as produções dos povos primitivos e as dos "primitivos" e da Idade Média. Analogias estilísticas, por um lado, tínhamos anteriormente[4] notado que nessas produções encontram-se a transparência, o plano deitado, a sobreposição dos planos. Os baixos-relevos e as pinturas egípcias utilizam frequentemente o processo do plano deitado; da mesma maneira que os sistemas pictográficos dos índios da América do Norte e os desenhos da Idade Média[5].

---

[4] Cf. cap. 3, p. 77.

[5] Para toda essa questão, ler com proveito a obra de Jacques Depouilly, *Enfants et Primitifs*. Ver Bibliografia.

São os processos de representação do espaço que estão em jogo. Nos dois casos, o espaço é apreendido ao nível das relações topológicas, características de todas as primeiras tentativas de figuração espacial. Como a criança, o primitivo domina pouco a pouco representações topológicas difíceis de representar. Na obra que consagra a Arte primitiva, Luquet cita exemplos significativos: homens a cavalo representados sem pernas, ou então com as duas pernas do mesmo lado, não estando o cavaleiro sentado sobre a montaria, mas simplesmente justaposto.

A imagem do boneco ou figura humana esquematizada e seus derivados (animal, sol, árvore etc.), tais quais se encontram na criança, assemelham-se à figuração primitiva. Nota-se frequentemente a omissão dos braços e dos detalhes da fisionomia com as produções infantis. No entanto, é preciso abrir uma exceção para os caracteres sexuais quase sempre representados pelos primitivos e que só raramente aparecem manifestados na criança, que recorre a símbolos para exprimir preocupações e fantasias recalcadas por uma sociedade que reprime a sexualidade.

Como explicar essas analogias estilísticas, esse emprego de uma simbologia universal?[6] Será preciso admitir que

---

[6] Encontramos os mesmos símbolos que nos mitos, nos contos, no folclore e na arte.

existe uma relação entre a ontogênese[7] e a filogênese?[8] Cada indivíduo tornaria a passar, no decorrer de seu desenvolvimento, pelas mesmas fases percorridas pela espécie a que pertence? A criança estaria no estágio do primitivo e participaria do modo de pensar que outrora foi o nosso. Muito contestada, porque repousa num postulado biológico contestável – a saber, a transmissão genética dos caracteres psíquicos –, essa concepção não deixa de contar com defensores de primeira importância, entre os quais Freud: "A persistência de todas as fases passadas no seio da fase terminal só é possível do domínio psíquico"; "a disposição filogenética transparece através da evolução ontogenética"[9]. Freud acrescenta, entretanto, uma restrição importante: "a visão clara deste fenômeno furta-se aos nossos olhos"[10].

Fato perturbador e que pareceria pesar em favor dessa hipótese: a evolução do grafismo e a da arte podem ser comparadas. Estudando a pré-história, Leroi-Gourhan faz notar que uma fase pré-figurativa (e não abstrata) precede o aparecimento da arte figurativa: fase caracterizada por uma indiferenciação ainda obscura evoluindo para uma ritmização das formas. Vimos que uma fase idêntica podia

---

[7] *Ontogênese*: desenvolvimento do indivíduo.

[8] *Filogênese*: desenvolvimento da espécies.

[9] Sigmund Freud, *Malaise dans la civilisation*, p. 15.

[10] Sigmund Freud, *Trois essais sur la théorie de Ia sexualité*, p. 8.

ser descoberta na criança, uma vez que o rabisco e o aglomerado não comportam nenhuma intenção representativa. Em seguida, há a evolução destes dois estilos, o infantil e o pré-histórico, que tendem pouco a pouco ao realismo, que marca sempre o fim de um ciclo[11].

CONDICIONAMENTO DA CRIANÇA PELO MEIO: PAPEL DA ESCOLA

O grau de sensibilidade da criança às influências exteriores varia em função da idade considerada. Bem pequena, a criança escapa destas, em grande parte, mas logo ela se encontra integrada num universo que lhe fornece um conjunto de informações sociais. É preciso, pois, acabar com um certo mito da espontaneidade infantil: dotar a criança de reações inocentes e gratuitas leva a ignorar o papel da imitação na sua formação e desenvolvimento. A conduta da criança – tanto no plano gráfico quanto nos outros domínios – comporta clichês, citações, imagens emprestadas. Quem esteve em contato com crianças ou então manipulou uma grande quantidade de desenhos, sabe bem que nem todos demonstram uma expressão espontânea. A utilização

---

[11] Para mais detalhes, ver Leroi-Gourhan, *Le Geste et la Parole*, t. 2, cap. 14.

de estereótipos, a imitação e a cópia são frequentes, e uma das principais dificuldades com as quais se defrontam os métodos "de expressão livre" está precisamente na amplidão e na profundidade do condicionamento ao qual a criança está submetida[12].

Tal condicionamento cultural opera-se, quanto ao essencial, por intermédio da escolarização; a criança, ao deixar o grupo restrito da família, descobre a existência de outros grupos (a escola, os colegas, os professores) onde lhe pedem que se integre. A escola vai operar uma modificação profunda no pensamento infantil; sua finalidade essencial: ordenar, classificar, nivelar as diferenças: "simplificador uniformizante, o aparelho da cultura, baseado na eliminação dos refugos e defeitos, no princípio de filtrar para conservar apenas o melhor purificado de sua ganga, só consegue esterilizar as germinações"[13]. A escola realiza tal trabalho de purificação, fornecendo à criança modelos e tipos de conduta, erigindo assim a exemplaridade em norma absoluta.

A comparação de desenhos efetuados na idade pré-escolar e de desenhos realizados depois da entrada na escola

---

[12] O empréstimo de temas, até mesmo de algumas estruturas, não pode ser considerado como uma imitação servil quando as crianças transpõem esses temas e essas estruturas, integrando-os e assimilando-os. O que estigmatizamos é a cópia pura e simples sem acréscimos e sem interpretação pessoal.

[13] Jean Dubuffet, *Asphyxiante culture*, p. 62, Pauvert, 1968.

permite extrair alguns fatos: a escola impõe à criança a utilização de um repertório de signos gráficos devidamente classificados (flor, árvore, pássaro, casa etc.). O aparecimento desse código acarreta um empobrecimento tanto ao nível dos temas (incomparavelmente mais ricos, admiráveis e variados nos desenhos executados em casa) quanto ao nível formal. Essa redução torna os desenhos legíveis e comparáveis entre si, daí a possibilidade de classificá-los. O impacto social é ressaltado, pois, quando reforça e seleciona alguns tipos de grafismo julgados desejáveis e que se tornam mais comuns a todos. Tudo o que não entra nesses quadros torna-se anomalia, desvio, signo inquietante. Assim, a escola castra a criança de uma parte de si mesma.

Ainda mais, é o desenho – e com ele o conjunto das atividades plásticas e musicais – que a escola considera suspeito. Daí a tendência sistemática no ensino a subordinar o desenho a outras disciplinas das quais ele se torna um simples instrumento: "O desenho será estudado menos em si mesmo que pelos fins gerais da educação; tudo o que o incorporar à matéria dos estudos primários e o misturar com a vida da escola responderá à finalidade visada"[14]. Ele serve assim para "ilustrar" a aula de história ou de ciências naturais; qualquer valor específico e qualquer autonomia lhe são recusados.

---

[14] *Programmes et Instructions Ministérielles*, p. 289.

Quanto às tentativas para incluir o ensino do desenho numa óptica estetizante ultrapassada, já as criticamos mais atrás[15]. Um ponto importante deve entretanto ser precisado: os esforços desenvolvidos para submeter o grafismo infantil a uma visão "verdadeira" apoiam-se frequentemente numa iniciação à história da arte, passando pelo reconhecimento dos "grandes mestres". Nunca será demais insistir sobre o que pode ter de falso, de esclerosante e de deprimente para o grafismo infantil esse apelo à imitação das obras de arte; "deve-se *olhar* as obras de arte? O próprio e a constante da posição cultural não é justamente considerar a obra de arte como coisa a olhar – em vez de coisa para viver e para fazer?"[16]. Procedimentos, aliás, paradoxais, já que levam em conta dois preconceitos inconciliáveis: submissão a uma visão verdadeira, à do artista; multiplicidade e relatividade dos pontos de vista manifestados pela história da arte.

"DESCOLONIZAR" A CRIANÇA?

Ao lado da escola, é preciso mencionar os ateliês de desenho e de expressões plásticas cada vez mais numerosos e que constituem um fenômeno novo. Se alguns existem há

---

[15] Cf. cap. 1.

[16] Jean Dubuffet, *Asphyxiante culture*, p. 115, Pauvert, 1968.

muito tempo, sua voga é recente, e pareceria traduzir uma modificação das concepções do grande público. Criados paralelamente à escola e com o objetivo de permitir à criança o livre desabrochar de suas faculdades criadoras, a finalidade desses ateliês é mal interpretada por pais que, com muita frequência, enviam seus filhos para que ali aprendam a "desenhar bem". Os chamados métodos de "livre expressão" parecem-lhes sinônimos de "laisser-faire" e de "laisser-aller".

Generoso no seu princípio, esse método permanece aliás ambíguo e mal definido. Seu sucesso e seu fracasso dependem inteiramente da personalidade do animador do ateliê e há muita diferença entre os chamados ateliês "selvagens", onde se pode manchar não somente as folhas de papel e as paredes, mas também os colegas, e por outro lado, o ateliê que se assemelha enganadoramente com a escola tradicional.

Querer "descolonizar a criança", devolvê-la a si mesma, liberando-a da alienação social e familiar, vá lá. Mas como? Acreditar que se *pode* afastar da criança qualquer influência seria cair no mito de uma impossível autarcia. Que se deve reduzir ao máximo as intervenções do adulto, isto é certo, mas tanto mais delicado de operar quanto o adulto se torna inconscientemente indispensável. A criança habituada com os métodos da educação tradicional às vezes suporta com muita dificuldade essa liberdade que lhe propõem.

Figura 73
Exemplo de "estilo Freinet".

Na medida em que toda influência do adulto não pode desaparecer, cada ateliê[17] traz a marca de seu animador. Existem assim estilos de ateliês facilmente reconhecíveis. Notam-se essas influências, na maioria das vezes, ao nível da paleta e das técnicas empregadas; alguns animadores privilegiam certas cores ou certos materiais. As diferenças de "estilo" não provêm somente do adulto, mas também das

---

[17] Cada escola também, basta pensar no "estilo Freinet" tão particular e tão florido, que cultiva abundantemente o arabesco e os efeitos decorativos.

particularidades do grupo constituído pelas crianças que participam da mesma sessão[18]. O grupo funciona com suas próprias leis, nele funciona todo o conjunto das relações (comunicação-exclusão) que as crianças mantêm entre si.

INFLUÊNCIA DOS *MASS-MEDIA*

Mais do que pelas suas leituras, a criança está agora influenciada pelas imagens que o mundo moderno lhe propõe constantemente. Publicidade, cinema, televisão, revistas em quadrinhos assaltam constantemente a criança; as formas coloridas apoderam-se de seu subconsciente, agindo sobre ela mais profundamente ainda que sobre o adulto, cujo espírito não é mais novo e registra menos espontaneamente a diversidade do espetáculo perceptivo. Muito cedo, o universo da criança é modelado pelo *mass-media*[19], Basta pensar na importância da televisão nos desenhos para medir a amplitude do fenômeno (cf. fig. 74).

---

[18] A relação das crianças com o animador funciona de maneira idêntica à de "líder" nos grupos de terapia, no sentido de que o animador representa a estética "forte", a "boa forma" referencial. (Ver em J.-B. Pontalis, *Après Freud*, os dois capítulos sobre grupos.)

[19] *Medias*: canais de transmissão da cultura diferentes dos textos (cinema, rádio, televisão, revista em quadrinhos, fotonovelas etc.).

Figura 74
Recuperação do desenho com fins publicitários.

Os cartazes publicitários atraem o olhar da criança: grafismo despojado, cores vivas, formato grande, impressionam vivamente sua imaginação, visto que a elaboração da imagem publicitária apela para mecanismos inconscientes. Alguns publicitários não se enganaram com isso, chegando até a criar "clubes" onde as crianças fabricam cartazes e *slogans* publicitários. Animada por um pensamento concreto, direto e sugestivo, a criança não se contenta em dar

Figura 75
Desenho publicado em *Elle*.
[Papai beija mamãe bem bem forte/desde que mamãe comprou seu batom orlane no estojo de ágata papai não para mais de beijá-la.]

uma simples ficha característica do produto; ela apresenta o objeto encarnado numa situação precisa que o torna afetivamente indispensável. O realismo intelectual leva-a a representar as quatro cores de uma caneta, a apresentar de

Figura 76
Lionel (8 anos): "Luke-iluke"!

maneira concreta as vantagens da compra de um produto (cf. fig. 75). Reencontramos aqui o processo de dramatização comum ao sonho e a muitas imagens publicitárias[20].

A linguagem publicitária encontra, pois uma linguagem carregada de imagens próximas à das crianças. Fato significativo, as emissões televisadas mais apreciadas por elas são os "spots" publicitários; a criança aprecia particularmente os "sketches" de leitura simples e fácil. Não é, pois, surpreendente que o desenho seja povoado por heróis de novelas ou de histórias em quadrinhos, e a imprensa infantil e o desenho animado desempenham aqui um papel incontestável.

Quanto à historia em quadrinhos, ela influencia a criança não somente ao nível dos temas, mas também no plano da forma; elementos próprios da história em quadrinhos (adjunção de textos, de balões, história sequencial e

---

[20] Na sua pesquisa de "motivações", a publicidade conta com um certo número de mecanismos psicológicos que não são outros senão os próprios processos do trabalho de sonho: dramatização (encenação, o ato de colocar o produto em situação), deslocamento (com destaque menos para o produto que para a substituto sexual que a mercadoria pretende proporcionar). Notemos que o deslocamento age aqui de modo sutil já que – segundo os imperativos comerciais – é o produto (e não o objeto sexual) que deve, ao mesmo tempo, ser dissimulado e mostrado. Portanto as motivações publicitárias jogam ao mesmo tempo com o trabalho de sonho e o trabalho de análise.

Figura 77
Cristina (8 anos), utilização de um processo frequentemente empregado pela história em quadrinhos; o mesmo personagem é representado três vezes.

dividida em episódios, mais raramente figuração de onomatopeias) são encontrados no grafismo infantil, quer se trate de um empréstimo deliberado ou encontrado, e o recurso sistemático efetua-se quase sempre no meio escolar e sob as injunções do professor, permanecendo eminentemente complexa a técnica da história em quadrinhos.

As produções infantis participam dessa "cultura pobre" cuja importância apenas se começa a perceber e que a escola quase sempre ignora, quando não a exclui deliberadamente,

Figura 78
Recuperação pela publicidade do "estilo infantil". [E depois, na caixa, há um homenzinho muito engraçado, com uma cabeça de ovo, assim:/e ainda há receitas novas de pratos com ovos: papai ficará contente se você preparar.]

desprezando esses modos de expressão "selvagem" que se desenvolvem à margem dos circuitos da cultura tradicional. Desprezo e recusa tanto mais graves do que admitir a autenticidade desses novos modos de expressão, "isto

Figura 79
Menina (1930).
Influência da literatura infantil.
Aqui, a condessa de Ségur.

implica uma revisão do próprio conceito de cultura (e de seu estatuto na civilização de massa): a cultura não deve ser a salvaguarda das 'velhas chaves da sabedoria' (ou, no caso da França, das velhas manchas do ofício), mas a busca de uma nova consciência em face da civilização industrial que constitui o único meio cultural de uma maioria crescente da população"[21]. Essa cultura pobre constitui precisamente

---

[21] Pierre-Yves Pétillon, "Avant et après McLuhan", *Critique*, nº 265, pp. 508-509.

o meio onde se desenvolve a mentalidade infantil; ela age sobre a criança mais profundamente que sobre o adulto que já se submeteu às duras provas da escolarização, da tradição e das ideias recebidas. Se quisermos compreender a "civilização infantil", seria preciso, por nossa vez, "limpar as portas da percepção" (William Blake), liberar-nos desse saber livresco e esclerosado que "mascara a estrutura do novo mundo onde já vivemos"[22].

A ATUALIDADE

O desenho infantil reflete também o acontecimento, a atualidade. Já podemos observar que a escolha dos assuntos evolui em função do calendário: fenômenos que encontramos no desenho humorístico. Produz-se um retorno periódico e cíclico dos mesmos temas (Papai Noel, pinheiro, boneco de neve). Certos temas, aliás, caem em desuso à medida que algumas tradições sociais ocultam-se ou são substituídas por outras (por exemplo, os sinos de Páscoa). A criança parece ceder à utilização de um código social. Mas esse impacto do acontecimento – como observa Arno Stern – só funciona quando está ligado a uma preocupação profunda. Assim foi a repercussão do lançamento do "France"

---

[22] Pierre-Yves Pétillon, *ibidem*, p. 507.

Figura 80
Criança (anônima), influência de estereótipos culturais.

sobre a produção infantil: "O objeto ou assunto era de seu repertório habitual, o detalhe é que vinha do exterior"[23].

Encontramos aqui a noção de roupagem figurativa[24]; com relação a isto, os temas citados mais acima são significativos: eles são enxertados nos elementos do repertório infantil: boneco, árvore, navio etc.

O problema da referência à atualidade não se coloca, aliás, da mesma maneira nas diferentes idades. De 3 a 5 anos, essa influência é praticamente nula; a criança tira do repertório clássico temas infantis (figuras humanas, casa, navio, sol, animais etc.). O egocentrismo próprio dessa fase isola a criança no seu universo e torna-a pouco sensível às solicitações do universo adulto. Depois dos 5 anos, com a entrada na escola, a aprendizagem da leitura e a descoberta de um universo até então inimaginado amplia-se o repertório da criança. O valor social de alguns objetos e de alguns temas é reconhecido e explorado. O desenho torna-se então o eco dos acontecimentos, modificando ou acentuando a vida social e política que a criança exprime com seus meios técnicos próprios, utilizando um conjunto de estereótipos culturais, profundamente marcados pela ideologia da classe social e do país a que ela pertence (ver fig. 80).

---

[23] Arno Stern, *Entre Éducateurs*, p. 28.
[24] Ver cap. 2, p. 15.

A CRIANÇA TESTEMUNHA DE SUA ÉPOCA

Este valor de documento e de testemunho aparece particularmente quando se trata de crianças de povos oprimidos, explorados ou que se defrontaram com uma guerra. Assim são os desenhos infantis durante a guerra da Argélia, os das crianças palestinas, vietnamitas ou ainda os raros desenhos

Figura 81
Criança argelina (anônima). Ilustração de um processo
frequentemente empregado pelo exército francês:
o corpo do argelino morto é amarrado em uma ou
mais montarias e levado através das aldeias.

que provêm dos campos de concentração nazistas (ver fig. 83). As produções infantis refletem então a crueldade dos acontecimentos; o trágico sobressai, posto que tais fatos são apreendidos ao nível mais cotidiano da vida, a criança mistura com os massacres e com as cenas de guerra os elementos que fazem parte de seu vocabulário habitual: sol, flores, casas...

Figura 82
Adel Majid (12 anos, palestino),
"Um soldado matando uma criança".

Figura 83
Desenho infantil, nos campos de concentração nazistas.

BIBLIOGRAFIA RESTRITA

Art enfantin, Institut Coopérafit de l'Ecole Moderne, Cannes.

BERNSON, M. *Du gribouillis au dessin,* Delachaux et Niestlé, 1966.

DEBIENNE, M. C. *Le dessin chez l'enfant,* PUF, 1968.

DEPOUILLY, J. *Enfants et primitfs,* Delachaux et Niestlé, 1964.

DEUTSCHKRON, I. *Tel était leur enfer,* (crianças no campo de concentração), La Jeune Parque, 1965.

DOLTO, F. *Psychanalyse et pédiatrie,* Éditions du Seuil, 1939.

DOLTO, F. *Le cas Dominique*, Éditions du Seuil, 1971.

_____. *Enfance*, n°ˢ 3 e 4, 1950.

KLEIN, M. *Essais de psychanalyse*, Payot, 1968.

_____. *La psycanalyse des enfants*, PUF, 1969.

_____. *Psycanalyse d'un enfant*, Tchou, 1973.

Les enfants d'Algérie, Coleção "Voix", n° 6, Maspero.

Le temps de la guerre, testemunho de crianças, desenhos de crianças palestinas; publicado por MAWAKIF, Beirute (pela Maspero).

LURÇAT, L. *Genèse du contrôle dans l'activité graphique*, Jounal de Psychologie, n° 2, 1964, p. 156 e segs.

LUQUET, G. H. *Le dessin enfantin*, Alcan, 1927.

MERLEAU-PONTY, M. Bulletin du Groupe d'Études de Psychologie de l'Université de Paris, n° 9, 1950, p. 6.

MORGENSTERN, S. *Symbolisme et valeur clinique des créations imaginaires chez l'enfant*, Denoel, 1937.

PIAGET, J. *La formation du symbole chez l'enfant*. Delachaux et Niestlé, 1968 e 1970.

PIAGET, J. e INHELDER, B. *La représentation de l'espace chez l'enfant*, PUF, 1948.

PRUDHOMMEAU, M. *Le dessin de l'enfant,* PUF, 1951.

RIOUX, G. *Dessin et structure mentale,* PUF, 1951.

STERN, A. *Une grammaire de l'art enfantin,* 1966.

_____. *Le langage plastique,* 1963.

_____. *Entre éducateurs,* Delachaux et Niestlé, 1967.

WIDLÖCHER, D. *L'interprétation des dessins d'enfants,* Dessar, 1965.

Florence de Mèredieu é filósofa por formação e conferencista honorária da Universidade de Paris I (Pantheón-Sorbonne). Foi professora de Filosofia da Arte e Estética nessa universidade de 1981 a 2004. Especialista no trabalho do dramaturgo Antonin Artaud e em arte moderna e contemporânea, Florence é autora de dezenas de obras que se tornaram referências no mundo das artes. Escreveu artigos para várias revistas, como *Art Press, Art News, Communications, The New French Review, Traverses, The Review of Esthetics, Parachute, Vertigo*, entre outras, e participou de inúmeras conferências ao redor do mundo sobre arte moderna, pop art e novas tecnologias. Também é autora de textos de ficção e realiza pesquisas sobre fotografia.